FALKEN BÜCHEREI

Jörg Raithelhuber

Beeren und Waldfrüchte

erkennen und benennen

FALKEN VERLAG

Im gleichen Verlag sind auch die folgenden Bestimmungsbücher erschienen:

Pilze, 0380
Arzneikräuter und Wildgemüse, 0459
Bäume und Sträucher, 0509

ISBN 3 8068 0401 X

Fotos: Fleischfresser, Raithelhuber, Schrempp, Haberer, Kohlhaupt, Blaich, Hase, Wolfstetter, Jantzen, Pott, Zech, Kinkelin, flora-bild (Burda), Photo-Center (Braunschweig)
Zeichnungen: Edith Kuchenmeister
Gesamtherstellung: H. G. Gachet & Co., 6070 Langen bei Ffm.

817 2635 4453 62

Inhalt

Vorwort *7*

Beeren und Waldfrüchte *9*

Vergiftungen *11*

Die wichtigsten Beerengifte und ihre Wirkung *11*

Blattränder, Blattstände und Blattformen *13*

Fruchtarten und Blütenstände *15*

Erklärung von Fachausdrücken *16*

Zeichenerklärung *17*

Zur Gliederung des Buches *17*

Rezepte *109*

Bestimmungstabelle für die im Wald wachsenden roten, blauen und schwarzen Beeren *111*

Register *116*

Vorwort

Jedermann, der im Sommer oder Herbst durch den Wald oder am Waldrand entlang spaziert, sieht immer wieder herrliche Beerensträucher, die in den verschiedensten Farben prangen. Die einen hängen voll von roten Beeren, die anderen sind wie mit blauer Farbe überzogen und bei wieder anderen hängen an den Zweigen kleine Äpfelchen, Zäpfchen oder Schoten.
»Beeren und Waldfrüchte« heißt der Titel dieses Buches, mit dem nicht nur allen Liebhabern der Natur, sondern auch den Freunden einer gesunden Ernährung eine kleine Bestimmungshilfe in die Hand gegeben werden soll.
Nachdem mit einem Pilzbuch der Anfang gemacht worden ist, soll das Buch »Beeren und Waldfrüchte« so manches unscheinbare Pflänzchen vorstellen, das zwar äußerlich klein, in der Wirkung aber ganz groß sein kann.
Sieht man von den verschiedensten gärtnerischen Züchtungen und den vielen Ziersträuchern ab, so ist die Kenntnis über die bei uns heimischen Beeren gar nicht so schwer zu erlangen. Auch die übrigen eßbaren Waldfrüchte lassen sich in relativ kurzer Zeit bestimmen, so daß sich dem interessierten Naturfreund nach der Lektüre ein reges Betätigungsfeld auftun wird. Und warum sollte nicht die Freude an den herrlichen roten und blauen Beeren, an den braunen und grünen Nüssen auch noch durch eine Mahlzeit aus den selbstgesammelten Früchten gekrönt werden?
Deshalb: Hinaus in den Wald – hinein ins Sammlerparadies!

Beeren und Waldfrüchte

Rot und blau leuchten sie im Herbst aus dem Dickicht des Waldes hervor, schimmern am Waldrand durchs Gebüsch oder glänzen in den Sonnenstrahlen, die durch das Laubdach der Parkbäume glitzern, die wildwachsenden Beeren und Früchte.
Wer hat sich nicht schon einmal gefragt: Wieviel Tausende von Sorten gibt es da wohl? Was sind denn das eigentlich, Beeren? Was versteht man unter Waldfrüchten?
Das, was wir seit unserer Kinderzeit als Beeren bezeichnen, sind in Wirklichkeit Früchte von Pflanzen. Dabei ist der Name Beere nicht ganz korrekt, da es ein Sammelname ist für alle möglichen, lediglich in ihrer äußeren Form ähnlichen Früchte. Genau genommen unterscheidet man:

Wirkliche Beeren: Sie sind daran zu erkennen, daß sie weichfleischig sind, bei der Reife nicht aufspringen, in der Regel mehrere Samenkörner enthalten und nur aus einer Einzelbeere bestehen (im Gegensatz zur Brombeere oder Johannisbeere).

Scheinbeeren: Das sind Früchte, die zwar aussehen wie Beeren, bei deren Entstehung jedoch nicht nur der Fruchtknoten, sondern auch andere Teile der Blüte mitgewirkt haben.

Steinfrüchte: Diese können auch wie Beeren aussehen, besitzen jedoch je einen meist einsamigen Steinkern.

Sammelfrüchte: Mehrere kleine Früchte sitzen auf einer gemeinsamen Achse.

Trotz dieser wissenschaftlichen Einteilung wird in diesem Buch in der Regel der Begriff Beere beibehalten, da es sich ja um kein wissenschaftliches Standardwerk, sondern um ein volkstümliches Bestimmungsbuch handelt.
Waldfrüchte – das sind all die vielen im Wald und am Waldrand wachsenden oder auch in Gärten gezüchteten Früchte von Bäumen und Sträuchern, die sich in den verschiedensten Formen präsentieren. Es sind Nüsse oder Kapseln, Schoten oder Flügelsamen, »Fallschirme« oder Becher, Hülsen oder Zäpfchen. Sie alle aufzuzählen würde zu weit führen. Näheres kann man bei den einzelnen Beschreibungen nachlesen.
Sowohl Beeren als auch andersartige Waldfrüchte sind zum großen Teil schon seit Jahrtausenden als Nahrungsmittel und Medizin, aber auch als Zaubermittel und rätselhafte Glücks- oder Schadenbringer bekannt. Es gab

Zeiten, in denen die Menschen ihren Vitaminbedarf fast ausschließlich aus Beeren und Wurzeln befriedigten, wo man außer Fleisch und Früchten nichts Eßbares kannte.
Aber auch heute noch bieten uns Wald, Feld und Wiese eine reichliche Menge gesunder, schmackhafter und wertvoller Früchte, die es nur zu ernten gilt. Und findet man einmal eine giftige Beere oder eine giftige Frucht, so ist nicht zu vergessen, daß auch diese für uns wichtig sein können. Ohne sie besäßen wir beispielsweise weder das wichtige Herzmittel Digitalis noch den Roßkastanienextrakt, ein vorzügliches Heilmittel bei Venenerkrankungen.
Welche Vorteile haben nun die Waldfrüchte gegenüber den Gartenfrüchten? Waldfrüchte sind zurückhaltend im Geschmack. Ihre Süße ist nicht so aufdringlich wie die der Gartenbeeren, ihr Aroma offenbart sich nicht sofort. Es ist wie bei einem guten Wein: Der ganze Genuß entfaltet sich erst beim andächtigen Probieren. Hinzu kommt, daß Waldfrüchte in der Regel ohne Chemikalien, ohne schlechte Luft (die Waldbäume filtern die Luft) und ohne die »wohlwollende« Behandlung des Menschen wachsen können. Natürlich kann es einem passieren, daß man in der Waldhimbeere, die man gerade in den Mund stecken will, plötzlich eine kleine Made, einen »Wurm«, entdeckt und die Himbeeren dann voller Ekel wegwirft. Das passiert einem bei Zuchthimbeeren im allgemeinen nicht. Auch die schönen Kirschen, die man am Waldrand findet, haben gelegentlich schon Bewohner, die einem den Verzehr verleiden. Da sind doch die gekauften Kirschen besser. Die sind farbenfreudig, fest, saftig und natürlich unvermadet. Warum wohl? »Es sind nicht die schlechtesten Früchte, an denen die Würmer nagen« sagt ein altes Sprichwort. Schädlinge sind zum großen Teil sehr empfindlich gegen allerlei »Verschönerungsaktionen«, so gegen das Spritzen mit giftigen Chemikalien oder das Einwachsen der Haut. Ihr Vorhandensein gibt also gewissermaßen die Sicherheit, daß die betreffenden Früchte unverdorben, unbehandelt und einwandfrei sind.
Man kann sich nun aussuchen, ob man schöne, farbfrische, schädlingsfreie, dafür aber chemisch »verfeinerte« oder weniger schöne, weniger farbige, ab und zu angefressene, aber dafür gesunde Früchte essen will.

Vergiftungen

Obwohl die Gefahr einer Vergiftung beim Beerensammeln wesentlich geringer ist als beim Pilzesuchen, sollte man doch über die Möglichkeiten von Vergiftungen Bescheid wissen.
Am besten schützt man sich natürlich durch genaue Artenkenntnis. Dazu gehören ein wenig Beobachtungsgabe und ein halbwegs gutes Gedächtnis. Wenn man nicht nur auf die Farbe der Beeren oder Waldfrüchte, sondern auch auf ihre Blätter, ihre Blüten, ihren Standort achtet und sie danach unterscheiden lernt, dürfte es jedem möglich sein, die wichtigsten Arten auseinanderzuhalten und somit vor Vergiftungen sicher zu sein.
Sollte es einmal trotz aller Vorsicht zu einer Vergiftung kommen, so ist es empfehlenswert, sofort Erbrechen herbeizuführen (Finger in den Hals stecken) und einen Arzt zu rufen, dem man möglichst noch Essensreste oder Reste von geputzten Früchten zeigen sollte.

Die wichtigsten Beerengifte und ihre Wirkung

Atropin
(Vorwiegend in Tollkirsche und Stechapfel)
Vergiftungen mit Atropin zeigen sich an der Erweiterung der Pupillen, Hemmung der Feuchtigkeitsabsonderung und der Sekretion der Nase, der Bronchien und dergleichen. Beeinträchtigung der Magen- und Darmbewegungen und Beschleunigung der Herztätigkeit.
Dem Vergifteten können starker Kaffee oder medizinische Kohle gegeben werden.

Saponine
(Vorwiegend in der Einbeere, auch in Roßkastanien)
Saponine sind Zellgifte, welche die roten Blutkörperchen auflösen und in der Regel zum Erbrechen führen. In der Medizin werden sie als Magenheilmittel verwendet.

Alkaloide
(Vorwiegend in Stechapfel, Nachtschatten und Brechnuß)
Alkaloide sind sehr starke Gifte, die jedoch in der Medizin vielseitige Verwendung finden. Sie wirken meist narkotisch (z. B. Kokain) oder krampferregend (z. B. Strychnin).
Sofortige Hilfe ist unerläßlich.

Mezerin und *Daphnin*
(Vorwiegend im Seidelbast)
Beim Verzehr der roten Beeren kommt es durch diese beiden Gifte zu Nierenschädigungen, gelegentlich kann eine Seidelbastvergiftung durch Kollaps zum Tode führen. Erbrechen und ärztliche Hilfe sind unerläßlich.

Solanin
(Vorwiegend in Schwarzem Nachtschatten und Kartoffelkeimen)
Solaninvergiftungen zeigen sich durch Magenschmerzen, Erbrechen, Kreislaufschäden, Krämpfen, Halluzinationen und Bewußtlosigkeit.
Magenspülungen und Kreislaufmittel sind lebensnotwendig.

Convallatoxin
(Vorwiegend im Maiglöckchen)
Dieses Gift ist ein Glukosid ähnlich dem des Fingerhuts. Es ruft Brechreiz, Magenschmerzen, Pupillenerweiterung und Herzschäden hervor.

Sprühgifte
Wohl die größte Gefahr geht in manchen Gegenden von Bakteriziden aus, die – wenn auch selten – über den Wäldern versprüht werden und sich dabei natürlich auch auf Beeren und Früchten festsetzen. Deshalb sollten in solchen Gegenden auch Waldfrüchte gewaschen werden. Meist sind jedoch solche Sprühaktionen bekannt, da sie in der Presse oder durch Anschläge im Wald angekündigt werden.

Blattränder, Blattstände und Blattformen

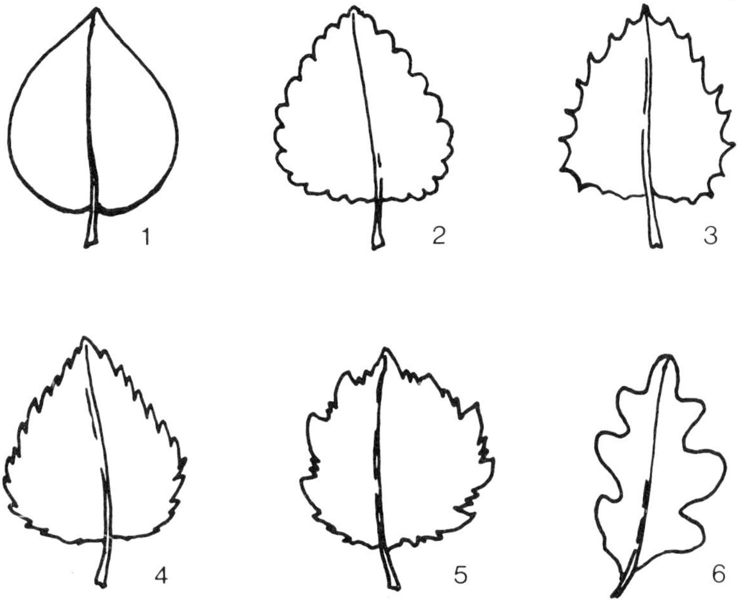

Blattränder:

1 ganzrandig	3 gezähnt	5 doppelt gesägt
2 gekerbt	4 gesägt	6 gelappt

Blattstände:

7 wechselständig	9 kreuzständig
8 gegenständig	

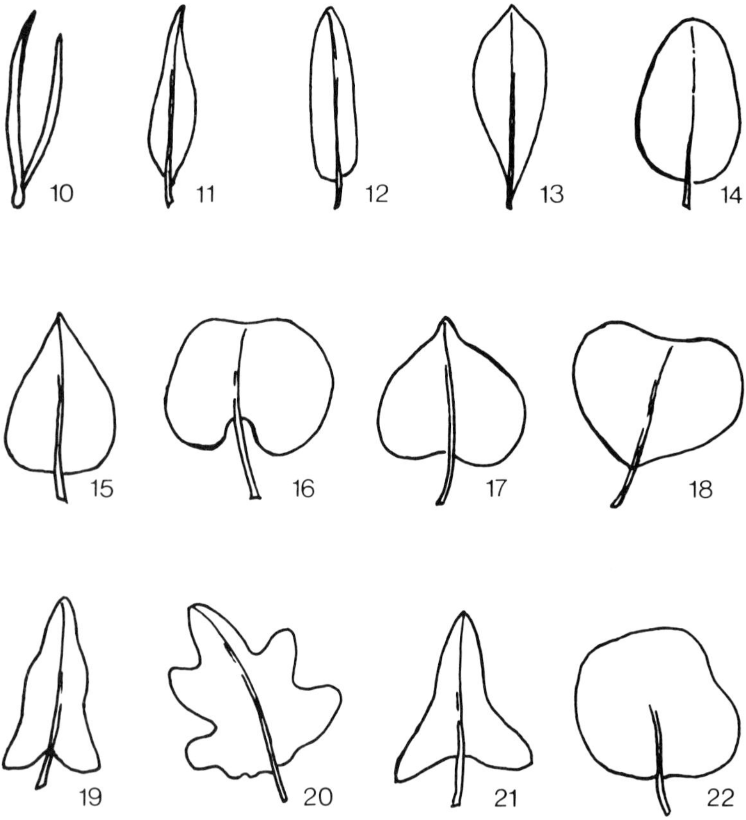

Blattformen:

10 nadelförmig
11 lanzettlich
12 linealisch
13 keilförmig
14 oval (eiförmig)
15 dreieckig
16 nierenförmig
17 herzförmig
18 verkehrt herzförmig
19 pfeilförmig
20 handförmig gelappt
21 spießförmig
22 schildförmig

Fruchtarten und Blütenstände

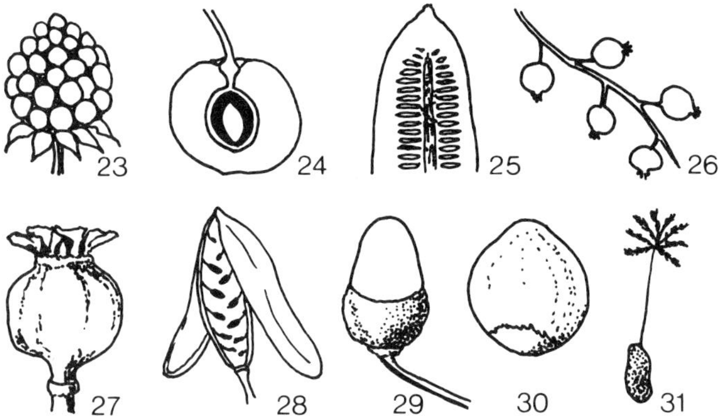

Fruchtarten:

23 Sammelfrucht
24 Steinfrucht
25 Beerenfrucht (Gurke)
26 Beerenfrucht (Rote Johannisbeere)
27 Springfrucht
28 Schote
29 Einsamige Schließfrucht (Eichel)
30 dto. (Haselnuß)
31 Nußfrucht mit Fallschirm

Blütenstände:

32 Ähre
33 Kolben
34 Traube
35 Rispe
36 Dolde
37 Zusammengesetzte Dolde
38 Doldentraube
39 Doldenrispe
40 Köpfchen

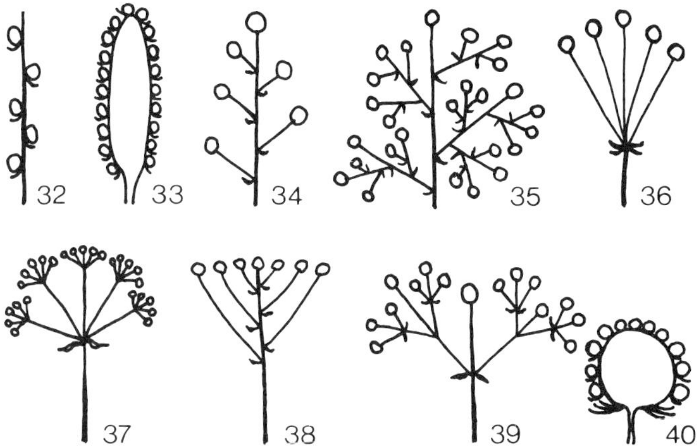

Erklärung von Fachausdrücken

Die hier nicht aufgeführten Erklärungen sind auf den folgenden Seiten zu finden.

achselständig	Die Blüte sitzt in dem Knick zwischen Stengel und Blatt oder zwischen Stengel und Stiel.
Borke	Äußere Rindenschicht, die abgestorben, verholzt und meist aufgerissen ist.
Dornen	Umgewandelte Blätter oder Sprossen, die mit dem Holz in organischer Verbindung stehen.
einhäusig	Die männlichen und weiblichen Blüten befinden sich auf derselben Pflanze.
endständig	Die Blüten befinden sich am Ende der Stengel oder Zweige.
Form	Von der typischen Pflanze nur unwesentlich abweichendes Exemplar.
fünfzählig	Die Kronen- und/oder Kelchblätter wachsen zu fünft.
humös	Sehr reich an Nährstoffen wie Kalk, Stickstoff, Phosphor und dergleichen.
Stacheln	Gebilde der Rinde, die nicht mit dem Holz in organischer Verbindung stehen.
zweihäusig	Die männlichen und die weiblichen Blüten befinden sich auf verschiedenen Pflanzen.
zwitterig	Die Blüte enthält männliche und weibliche Organe.

Zeichenerklärung

= Eßbar

= Bedingt genießbar

= Ungenießbar

(†) = Vergiftungsgefahr

† = Giftig

○ = Teilweise geschützte Pflanze

● = vollkommen geschützte Pflanze

Zur Gliederung des Buches

Um dem Leser ein rasches Bestimmen der gefundenen oder gesammelten Beeren zu ermöglichen, ist das Buch mit farbigen Balken gekennzeichnet. Die Farbe der Balken entspricht den Farben der Früchte.

rote Früchte

blaue Früchte

schwarze Früchte

grüne Früchte

gelbliche und braune Früchte

Preiselbeere

Vaccinium vitis-idaea L.

Kraut
Früchte rot

Andere Namen:	Steinbeere, Grantl, Preuschelbeere.
Blütezeit:	Juni bis Juli.
Blätter:	Lederartig, am Rand umgerollt, unterseits braundrüsig punktiert, sonst ähnlich wie die Blätter der Heidelbeere.
Stengel:	Brüchig, auch im Winter mit Blättern.
Blütenstand:	Kurze Traube.
Blüten:	Weiß oder rosenrot, glockenförmig.
Früchte:	Rote, glänzende Beeren mit roh herbem Geschmack.
Standort:	Gebirgswälder, Wegränder, sandige oder torfige Bergwiesen.
Verwendung:	Blätter für Tee gegen Gicht. Beeren für Marmelade, Wein und Branntwein.
Anmerkung:	Preiselbeeren enthalten Vitamin A und C, ferner Zitronen- und Apfelsäure, Gerbstoffe und verschiedene Heilmittel.

Walderdbeere
Fragaria vesca L.

Kraut
Früchte rot

Blütezeit: Mai.

Blätter: Dreizählig, oval bis länglich, langgestielt, gesägt.

Stengel: Behaart, oberirdisch mit Ausläufern.

Blütenstand: Einzeln stehend.

Blüten: Fünfstrahlig abgerundet, weiß.

Früchte: Erst grüne, dann gelbliche und zuletzt leuchtendrote Beeren, die rundlich und verhältnismäßig klein sind. Es handelt sich um Scheinbeeren, bei denen die Samen auf dem geschwollenen, fleischigen Fruchtboden aufsitzen.

Standort: In Wäldern, im Gras und an Wegrändern, auch auf Kahlschlägen an etwas feuchten Stellen.

Verwendung: Blätter zu Tee. Beeren wegen ihres Aromas besonders für Erdbeerbowlen.

Moosbeere

Vaccinium oxycoccus L.

Kraut (Strauch)
Früchte rot

Andere Namen:	Moorbeere, Torfbeere, Kranichbeere.
Blütezeit:	Mai.
Blätter:	Länglich, zugespitzt, am Rande umgerollt, klein, oben glänzend dunkelgrün, unten grau.
Stengel:	Am Boden kriechend.
Blütenstand:	Endständige Träubchen, langgestielt.
Blüten:	Hellpurpurn, vierstrahlig.
Früchte:	Kugelige, langgestielte, rote Beeren.
Standort:	In der Ebene und im Gebirge; nur auf Torfboden.
Verwendung:	Beeren nach dem Frost als Marmelade, da sie viel Vitamin C und andere wertvolle Stoffe enthalten.

Aronstab

Arum maculatum L.

✝

Kraut
Früchte rot

Andere Namen: Zehrwurz, Eselsohr.

Blütezeit: Mai.

Blätter: Grundständig, langgestielt, pfeil- bis spießförmig, glänzendgrün, bisweilen schwarzgefleckt. Die Blätter auf dem Foto gehören nicht zum Aronstab! Im Herbst bleibt nämlich der Fruchtstand allein stehen.

Blütenstand: Dickfleischige Ähre.

Blüten: Einhäusig. Die Blüte steht unten an einem keulenförmigen, dunkelvioletten Kolben, der von einem blaßgrünen Hüllblatt umgeben ist.

Früchte: Rot, rundlich, genau besehen leicht eckig.

Standort: Feuchte Laubwälder.

Verwendung: Keine verwendbaren Teile.

Anmerkung: Die Pflanze ist als Fliegenfalle eingerichtet. Ihre Wärme lockt Fliegen an, die im Innern für die Bestäubung sorgen.

Maiglöckchen

Convallaria majalis L.

(†) ○

Kraut
Früchte rot

Andere Namen: Maiblume, Maililie

Blütezeit: Mai.

Blätter: Zu zweit am Grunde hervorwachsend, länglich bis eiförmig, oft mehr oder weniger eingerollt.

Stengel: Glatt, grün, ohne Blätter.

Blütenstand: Einseitswendige, überhängende Traube.

Blüten: Weiß, kugelig bis glockig, mit gezahntem Rand.

Früchte: Rot, in kleinen Kämmerchen die Samen enthaltend.

Standort: Auf lockeren, warmen Böden, vorzugsweise im Laubwald; meist große Bestände bildend.

Verwendung: Nur in der Medizin und Parfümherstellung. Das Maiglöckchen ist vom Aussterben bedroht und darf daher nur mit behördlicher Genehmigung in größeren Mengen gesammelt werden.

Echte Zwergmispel (†) Strauch
Cotoneaster integerrima Med. Früchte rot

Andere Namen:	Gemeine Bergmispel.
Blütezeit:	April bis Mai, manchmal bis Juni.
Blätter:	Wechselständig, kurzgestielt, spitz bis eiförmig, oben kahl, unten weißgrau und filzig.
Blütenstand:	Doldentraube, zwei bis zehn Blüten, in den Blattachseln.
Blüten:	Rötlichweiß.
Früchte:	Scharlachrote, erbsengroße, hängende Steinäpfelchen; in jeder Frucht drei herausragende Steinkerne.
Standort:	An sonnigen Orten, vorwiegend auf Kalk. In den Alpen, aber auch in steinigen Laubwäldern.
Verwendung:	Vergiftungsgefahr; keine genießbaren Teile (die Samen enthalten Blausäure).

Bittersüßer Nachtschatten

Solanum dulcamara L.

†

Kraut (Rankepflanze)
Früchte rot

Andere Namen:	Kletternder Nachtschatten, Bittersüß.
Blütezeit:	Juni.
Blätter:	Länglich bis eiförmig, nach vorn zugespitzt, manche herzförmig, manche pfeilförmig, vor allem an der Spitze spießförmig.
Stengel:	Bei freiwachsenden Exemplaren mehr oder weniger aufrecht, sonst an anderen Pflanzen emporkletternd.
Blütenstand:	Trugdolde.
Blüten:	Violett, sternartig, fünfstrahlig.
Früchte:	Rot, länglich, vielsamig; erst bitter, dann süß.
Standort:	Feuchte Gebüsche, an Ufern und in Gemäuern.
Verwendung:	Beeren werden in der Homöopathie verwendet; sollen aber wegen der starken Giftigkeit nur von Fachkräften gesammelt werden.

Rotbeerige Zaunrübe

Bryonia dioica Jacq.

†

Rankepflanze
Früchte rot

Andere Namen:	Zweihäusige Zaunrübe.
Blütezeit:	Juni bis Juli.
Blätter:	Efeuähnlich, gelappt, rauh (verwandt mit Kürbis).
Stengel:	Glatt, mit Wickelranken versehen, die auf Reibereize sehr schnell ansprechen; enthält scharfen Milchsaft.
Blütenstand:	Doldenrispe.
Blüten:	Zweihäusig; Blütenkelche bei männlicher Blüte größer und an langem Stiel, bei weiblicher kurz an kurzem Stiel; Kelch fünfstrahlig.
Früchte:	Kirschrot, rund, mit drei bis sechs klebrigen Samen.
Standort:	Gebüsche, Hecken, an Zäunen, aber auch im lichten Wald; auf Kalkboden.
Verwendung:	Giftig! Findet nur in der Medizin Verwendung.

Seidelbast

Daphne mezereum L.

† ●

Strauch bis 1 m hoch
Früchte rot

Andere Namen:	Kellerhals, Lauskraut.
Blütezeit:	März.
Blätter:	Wechselständig, an den Zweigenden fast büschelig stehend, länglich bis schmal, ziemlich klein, ganzrandig, oben lebhaft grün, unten graugrün.
Stengel:	Aufrecht, verzweigt, mit warziger Rinde.
Blütenstand:	Einzeln oder zu dritt wachsend in den Blattachseln vorjähriger Blätter.
Blüten:	Lila, glöckchenförmig, vierstrahlig; stark duftend.
Früchte:	Grüne, später rote erbsengroße Beeren, die im Frühsommer reifen.
Standort:	Auf fruchtbarem Boden in schattigen Au- und Bergwäldern, vor allem im Rotbuchenwald.
Verwendung:	Stark giftig! Steht unter Naturschutz.

Waldhimbeere
Rubus idaeus L.

Strauch
Früchte rot

Andere Namen:	Hindbeere.
Blütezeit:	Juni.
Blätter:	Grün, unterseits weißfilzig, drei- bis siebenzählig gefiedert, die Teilblättchen entspringen nicht aus einem Punkt.
Stengel/Zweige:	Flaumig behaart, leicht stachelig, lockerer angeordnet als bei den Brombeeren, weißgrün; aus unterirdischem Wurzelstock hervorwachsend.
Blütenstand:	In Trauben an zweijährigen Ästen hängend.
Blüten:	Weiß, klein.
Früchte:	Rot, aus lauter kleinen verwachsenen Steinfrüchtchen bestehend; reif als Ganzes vom Fruchtboden abhebbar.
Standort:	In Wäldern und Gebüschen.
Verwendung:	Blätter und Zweigspitzen für Tee. Früchte für Marmelade, Gelee und Himbeergeist.

Gartenhimbeere

Rubus idaeus L. Zuchtformen

Strauch
Früchte rot

Von der Waldhimbeere gibt es zahlreiche Zuchtformen. Eine davon ist hier abgebildet.
Gartenhimbeeren enthalten zwar mehr Zucker und sind größer als Waldhimbeeren, besitzen jedoch wesentlich weniger Aromastoffe.
Gartenhimbeeren sind im übrigen zum Teil anfällig gegen viele Krankheiten, vor allem Erkrankungen der Blätter und der Stengel.
Manche Rassen stammen aus Nordamerika.

Rote Johannisbeere

Ribes rubrum L.

Strauch
Früchte rot

Blütezeit:	April bis Mai.
Blätter:	Wechselständig, drei- bis fünflappig, am Rande gekerbt, behaart, oberseits glänzend.
Zweige:	Triebe graubraun berindet.
Blütenstand:	Lockere Trauben.
Blüten:	Zwitterig, gelbgrün, innen etwas rötlich.
Früchte:	Rote, säuerlich schmeckende Beeren.
Standort:	In feuchten Wäldern und Hecken, meist in Gärten angepflanzt.
Verwendung:	Beeren sehr vitamin- und fruchtsäurehaltig. Für Marmelade und Gelee.

Gemeiner Weißdorn

Crataegus oxyacantha L.

Strauch bis zu 12 m hoch
Früchte rot

Andere Namen:	Hagedorn.
Blütezeit:	Mai bis Juni.
Blätter:	Wechselständig, vielgestaltig, meist stumpf gelappt, Nebenblättchen gezähnt.
Stengel/Zweige:	Rinde hell, Zweige am Ende mit Dornen, Holz weiß, hart.
Blütenstand:	Aufrechte Trugdolden.
Blüten:	Zwei- bis dreigriffelig, fünfzählig, weiß, Blütenstiele kahl; Geruch unangenehm.
Früchte:	Rot (fälschlich Mehlbeeren genannt), eiförmig, mit zwei Steinen.
Standort:	Laubwälder, Waldrand, Gebüsche.
Verwendung:	Holz für Drechslerarbeiten. Fruchtfleisch für Marmelade. Die ganze Pflanze zur Arzneimittelgewinnung.
Anmerkung:	Es existieren verschiedene Abarten und Zuchtformen.

Eingriffeliger Weißdorn

Crataegus monogynus Jacq.

Strauch
Früchte rot

Blütezeit: Mai.

Blätter: Drei- bis fünflappig, tief eingeschnitten, unterseits bläulich bis weißlichgrün.

Stengel/Zweige: Glatt, in den Achseln oft ein Dorn, sonst wie der Gemeine Weißdorn.

Blütenstand: Dolde.

Blüten: Eingriffelig, weiß, fünfzählig, Blütenstiele behaart, Geruch etwas unangenehm.

Früchte: Fast kugelige, rote, einsteinige Beerenfrüchte.

Standort: Laubwälder und Gebüsche, auch an Ackerrändern.

Verwendung: Zur Gewinnung von Herzheilmitteln. Beeren auch für Marmelade.

Anmerkung: Der Eingriffelige Weißdorn wächst gelegentlich auch als kleiner Baum. Eine Abart ist der Rotdorn mit roter Blüte.

Stechpalme
Ilex aquifolium L.

† ●

Strauch (Baum)
Früchte rot

Andere Namen: Hülsen.

Blütezeit: Mai bis Juni.

Blätter: Wechselständig, immergrün, lederig, eiförmig, oben dunkler als unten, 3 – 7 cm lang, kurzgestielt; die unteren Blätter sind dornig gezähnt.

Zweige: Glatt, grau, Holz hart.

Blütenstand: Meist büschelig in den Blattwinkeln wachsend.

Blüten: Meist eingeschlechtig, weiß, klein, vierstrahlig.

Früchte: Korallenrote, beerenähnliche Steinfrüchte mit vier bis fünf Kernen; Durchmesser etwa fünf bis sieben Millimeter.

Standort: Fast überall, besonders auf Kalk- oder Sandboden; vielfach als Zierstrauch angepflanzt.

Verwendung: Giftig! Die Stechpalme ist vollkommen geschützt!

Eibe

Taxus baccata L.

† ●

Baum
Früchte rot

Blütezeit:	März bis Mai.
Blätter:	Weiche, flache, spitze Nadeln, einzelnstehend, 2–3 cm lang, linealisch, 6–8 Jahre bleibend.
Zweige:	Rinde rotbraun. Krone kegelförmig oder unregelmäßig.
Blütenstand:	Auf der Unterseite der Zweige sitzend.
Blüten:	Zweihäusig; männliche Kätzchen gelblich, schuppig, kugelig, weibliche Blüten klein, grün, knospenähnlich.
Früchte:	Rote, fleischige, becherartige Scheinbeeren mit hartschaligen Samennüßchen.
Standort:	Vorwiegend auf Kalkboden im Gebirge bis 1200 m Höhe, aber auch in Ebenen.
Verwendung:	Alle Teile außer dem Fruchtfleisch sind sehr giftig! Die Früchte werden praktisch nicht verwendet. Die Eibe steht unter Naturschutz!

Tomate

Solanum lycopersicum L.

Strauch
Früchte rot

Andere Namen:	Liebes- oder Paradiesapfel.
Blütezeit:	Frühsommer.
Blätter:	Oval zugespitzt, Rand lappig bis gekerbt.
Blütenstand:	Trugdolde.
Blüten:	Gelb, fünfstrahlig.
Früchte:	Grün, später gelb bis rot. Es gibt verschiedene Züchtungen, deren Formenreichtum von ei- bis kürbisförmig reicht.
Standort:	Schutthalden, meist jedoch angepflanzt.
Verwendung:	Früchte, grün oder rot, vielseitig verwendbar.

Blasenkirsche
Physalis alkekengi

Strauch
Beeren rot

Die Blasenkirschen, auch Ballonpflanzen, Lampionblumen und Judenkirschen genannt, sind eine Gattung mit über 100 Vertretern. Sie sind an der eigenartigen Form ihrer Früchte zu erkennen.
Die hier gezeigte Zuchtform (Ph. alkekengi) hat eiförmig zugespitzte bis länglich eiförmige, in eine längere Spitze auslaufende Blätter, eine gestielte Frucht mit roter Beere, und kommt fast ausschließlich als Zierstrauch vor. Die Beeren der Blasenkirsche sind eßbar. Sie enthalten den Bitterstoff Physalin; außerdem das Carotinoid Physalien und reichlich Vitamin C (mehr als die Zitrone!). Man verwendet die Frucht gegen Gicht und Steinleiden sowie zur Herstellung von Vitamin-Erfrischungsgetränken, Marmeladen und Fruchtweinen.

Traubenholunder

Sambucus racemosa L.

(†)

Strauch
Früchte rot

Andere Namen:	Hirschholder, Katelbeere, Roter Holunder.
Blütezeit:	April bis Mai.
Blätter:	Gegenständig, mit meist fünf Fiederblättchen, länglich, kurzgestielt, gesägt, etwas unangenehm duftend.
Stengel/Zweige:	Porig, Mark braun.
Blütenstand:	Rispe.
Blüten:	Sehr klein, gelbgrün, vier- bis fünfzählig.
Früchte:	Erst grün, dann rote, runde Beeren.
Standort:	Gebirge, Geröllhänge, Bergwälder; in der Ebene gelegentlich angepflanzt.
Verwendung:	Die Samen der Beeren sind giftig. Nach der Entfernung der Samen kann man die Beeren zur Weinfärbung, zu Saft und Gelee verwenden.

Wilde Heckenkirsche

Lonicera xylosteum

†

Strauch
Früchte rot

Andere Namen:	Geißblatt, Rote Heckenkirsche.
Blütezeit:	Juni bis August.
Blätter:	Gegenständig, breit bis eiförmig, zugespitzt, ganzrandig, 3–6 cm lang, oben dunkelgrün, unten bräunlich.
Zweige:	Rinde graubraun, längsrissig; Holz gelb, hart, zäh.
Blütenstand:	Kopfig gehäuft.
Blüten:	Gelblichweiß.
Früchte:	Rote, rundliche Beeren, erbsengroß.
Standort:	Gebüsche, Wegränder, im Laubwald.
Verwendung:	Giftig, findet nur als Zierstrauch Verwendung.

Jelängerjelieber

Lonicera caprifolium L.

Strauch (Schlingpflanze)
Früchte rot

Andere Namen:	Gartengeißblatt.
Blütezeit:	Mai bis Juni.
Blätter:	Gegenständig, rundlich bis ellyptisch, ganzrandig, am Grunde immer zu zweit verwachsen. Dadurch scheint der Stengel durch das Blatt hindurchzuwachsen.
Zweige:	Kahl, hohl, engröhrig.
Blütenstand:	Sitzend, endständig, vielblütig.
Blüten:	Rot oder weiß, sehr angenehm duftend.
Früchte:	Rote, ungenießbare, kleine Beeren.
Standort:	In Anlagen, am Waldrand, in Gärten.
Verwendung:	Ungenießbar, keine verwendbaren Teile.

Zwergeberesche

Sorbus chamaemespilus (L.) Crantz

Strauch
Früchte rot

Andere Namen:	Zwergmispel (aber nicht identisch mit der Echten Zwergmispel, Cotoneaster integerrima), Zwergmehlbeere.
Blütezeit:	Mai bis Juni.
Blätter:	Wechselständig, kurzgestielt, eiförmig, bis zu acht Zentimeter lang, am Rand doppelt gesägt oder gezähnt.
Zweige:	Erst behaart, später glatt und rotbraun.
Blütenstand:	Schirmförmige Trugdolden.
Blüten:	Rosenrot, fünfzählig, ähnlich der Apfelblüte.
Früchte:	Etwa einen Zentimeter große, länglich runde, scharlachrote, viersamige Beeren.
Standort:	Auf Kalkboden, besonders an felsigen oder buschigen Orten.
Verwendung:	Beeren eßbar.

Eberesche

Sorbus aucuparia L.

Baum
Früchte rot

Andere Namen:	Vogelbeere, Quitschbeere.
Blütezeit:	Mai bis Juni.
Blätter:	Unpaarig gefiedert, gezähnt, länglich.
Blütenstand:	Doldenrispe.
Blüten:	Weiß, von unangenehmem Geruch.
Früchte:	Beeren in Büscheln wachsend, erst grün, dann gelblich, zuletzt rot; etwas bitter im Geschmack.
Standort:	In lichten Wäldern, am Waldrand, an Wegrändern, in Parks.
Verwendung:	Die Beeren können nach einem Entbitterungsprozeß für Marmeladen verwendet werden. Der Tee aus den Früchten hilft bei Darmerkrankungen.

Kornelkirsche

Cornus mas L.

Strauch
Früchte rot

Andere Namen: Gelber Hartriegel, Gelber Hornstrauch, Dürrlitze.

Blütezeit: März bis Mai.

Blätter: Eiförmig bis ellyptisch, lang zugespitzt, paarweise stehend, oben etwas glänzend, kurzgestielt.

Stengel/Zweige: Holz sehr hart und fest.

Blütenstand: Kleine Dolden.

Blüten: Vierzählig, klein, gelblich.

Früchte: Etwa 2 cm große, rote, kirschenähnliche, an einem Stiel hängende Beeren.

Standort: Auf Feldern, in Gebüschen und trockenen Wäldern.

Verwendung: Holz für Werkzeugstiele und ähnliche Gegenstände. Früchte für Marmelade.

Steinbeere

Rubus saxatitis

Strauch
Früchte rot

Andere Namen: Felsenbeere (nicht gleich Preiselbeere).
Blütezeit: Mai bis Juni.
Blätter: Dreizählig, spitz-eiförmig, am Rande gesägt.
Stengel: Behaart und leicht stachelig.
Blütenstand: Aufrechte, scheindoldige Traube.
Blüten: Weiß, fünfzählig.
Früchte: Kleine, rote Steinfrüchtchen, die eine kaum zusammenhängende Sammelfrucht bilden.
Standort: Nicht sehr häufig. Liebt lockere, humusreiche Böden.
Verwendung: Beeren für Marmelade; kommt jedoch wegen ihres seltenen Vorkommens kaum für eine Verwendung in Betracht.

Pfaffenhütchen †
Euonymus europaeus L.

Strauch
Früchte rot mit orangem Samen

Andere Namen:	Spindelstrauch.
Blütezeit:	Mai bis Juni.
Blätter:	Gekreuzt gegenständig, länglich oval, kurzgestielt, am Rande schwach gesägt, unten heller als oben.
Zweige:	Alt mit vier Korkleisten.
Blütenstand:	Unscheinbare Rispen in den Blattwinkeln.
Blüten:	Hellgrün, vierzählig, klein.
Früchte:	Wie ein kleiner Kardinalshut geformt, viereckig, in vier Klappen aufspringende Kapseln, vier Samen enthaltend.
Standort:	Feuchte Wälder, Ufergehölze, Hecken.
Verwendung:	Giftig! Holz für Zahnstocher.
Anmerkung:	Wird häufig als Zierstrauch in Gärten angepflanzt.

Mehlbeere

Sorbus aria Crantz

Strauch (Baum)
Früchte rot bis gelblich

Andere Namen:	Weißbaum, Silberbaum.
Blütezeit:	Mai.
Blätter:	Eiförmig, doppelt gesägt, oben glänzend, unten filzig bis haarig und eher weiß, ziemlich groß, derb, unten mit stark hervortretenden Nerven.
Stengel/Zweige:	Jung mit weißen Haaren bedeckt, dann glatt; ohne Dornen.
Blütenstand:	Schirmförmige Doldenrispe, Blütenstiele filzig.
Blüten:	Weiß, fünfzählig.
Früchte:	Rote bis gelbliche Beeren, rund bis länglich.
Standort:	Hügel, Bergwälder, Waldrand, Moosboden; meist auf Kalkboden wachsend.
Verwendung:	Die Beeren schmecken nach Frosteintritt süß und werden zu Gelee, Marmelade und Kompott verwendet.

Breitblättriger Mehlbeerbaum
Sorbus cf. latifolia (Lam.) Pers.

Strauch (Baum)
Früchte gelb bis rotbraun

Es gibt zahlreiche Bastarde der Mehlbeere, von denen einer hier abgebildet ist. Fast alle Mehlbeerbäume unterscheiden sich an der Blattform und an der Farbe der Früchte.

Der breitblättrige Mehlbeerbaum hat breite bis eiförmige, wechselständige, oben grün glänzende, unterseits graufilzige Blätter mit ungleich gesägten Lappen und kugeligen gelben bis roten oder rotbraunen Früchten. Er wird bis 10 m hoch.

Sanddorn
Hippophae rhamnoides L.

Strauch bis zu 3 m hoch
Früchte orange

Andere Namen:	Seedorn, Weidendorn.
Blütezeit:	April.
Blätter:	Wechselständig, kurzgestielt, linealisch, derb, ganzrandig, oben graugrün, unten silberweißlich.
Zweige:	Rutenförmig, an Weiden erinnernd, dunkelgrau, im unteren Teil mit dornigen Spitzen.
Blütenstand:	Ähren an einer rostroten Blütenachse.
Blüten:	Die männlichen Blüten besitzen einen tief eingeschnittenen, zweiteiligen Kelch, die weiblichen einen röhrigen.
Früchte:	Orangefarbene, herb säuerlich schmekkende Beeren. Enthalten viel Vitamin C.
Standort:	Meist als Zierstrauch; wild wachsend in Dünen, im Gebirge und in den Alpentälern.
Verwendung:	Beeren für Säfte, Mus und Mischmarmelade. Steht unter Naturschutz, das Sammeln der Beeren ist erlaubt!

Schwedische Mehlbeere

Sorbus cf. intermedia (Ehrh.) Pers.

Baum
Früchte orange bis rot

Andere Namen:	Oxelbirne, Oechselbirne (Zuchtform).
Blütezeit:	Mai bis Juni.
Blätter:	Wechselständig, eiförmig bis länglich, fiederartig gelappt, am Rand gezähnt, auf der Unterseite graufilzig.
Blütenstand:	Filzige Doldenrispe.
Blüten:	Weiß, fünfzählig.
Früchte:	Kurz oval, orange- bis scharlachfarben.
Standort:	In Nordeuropa im Laubwald, sonst als Ziergehölz oder verwildert an Wald- oder Feldrändern.
Verwendung:	Beeren genießbar, im Geschmack aber nicht sehr angenehm.

Heckenrose

Rosa canina L.

Strauch
Früchte rot bis dunkelrot

Andere Namen:	Hundsrose, Hagebutte.
Blütezeit:	Juni.
Blätter:	Fünf bis sieben an einem Stiel, gezähnt, bis doppelt gesägt, unpaarig gefiedert, drüsig, bestachelt.
Stengel/Zweige:	Im ersten Jahr aufrecht, später sich verzweigend und gebogen, mit Stacheln.
Blütenstand:	Drei oder vier Blüten an den Zweigspitzen.
Blüten:	Weiß bis rosa, kaum duftend.
Früchte:	Kugelig bis länglich, orangefarben, später scharlachrot, bis 2 cm lang.
Standort:	In Wäldern, am Waldrand, an Wegrändern, in Feldern und auf Wiesen.
Verwendung:	Samen und Fruchtfleisch für Tee. Früchte für Marmelade, Soßen, auch als Heilmittel.
Anmerkung:	Die Früchte enthalten sehr viel Vitamin C, ferner die wichtigen Vitamine B 2 und P.

Gemeiner Schneeball

Viburnum opulus L.

†

Busch
Früchte dunkelrot

Blütezeit:	Mai bis Juni.
Blätter:	Gegenständig, ahornähnlich, drei- bis fünflappig, ziemlich groß, am Rande gezähnt, oben glatt, unten leicht haarig.
Blütenstand:	Schirmförmige Blütenbälle.
Blüten:	Die weißen Randblüten sind wesentlich größer als diejenigen in der Mitte, besitzen jedoch keine Staubgefäße und Stempel und sind unfruchtbar. Angenehmer Duft.
Früchte:	Kirsch- bis blutrote, ovale Steinbeeren. Hängen oft noch im Winter am Strauch.
Standort:	Hügel, feuchte Wälder, Waldrand, Ufergehölze.
Verwendung:	Keine verwendbaren Teile; die Früchte sind giftig.
Anmerkung:	Bekannter ist der Wollige Schneeball (siehe dort).

Bärentraube

Arctostaphylos uva-ursi (L.) Spr.

Kraut (Strauch)
Früchte dunkelrot

Blütezeit: März bis April.

Blätter: Wechselständig, lederartig, länglich bis oval, ähnlich denen der Preiselbeere, klein.

Ästchen: Braun, bis meterlang, oft wurzelnd.

Blütenstand: Endständige Traube.

Blüten: Weiß bis rosarot, wachsartig, krugförmig, fünfstrahlig.

Früchte: Dunkelrot, kugelig, erbsengroß, ähnlich der Preiselbeere, mit meist fünf Steinchen; herb schmeckend.

Standort: Auf Sand-, Moor- und Kalkboden, im Nadelwald an hellen Stellen, oft in großen Rasen wachsend.

Verwendung: Heilpflanze. Blätter für Tee.

Spätblühende Traubenkirsche

Prunus serotina Ehrh.

Baum
Früchte schwarzrot

Andere Namen:	Lorbeerkirsche.
Blütezeit:	Juni.
Blätter:	Wechselständig, lederartig, oval bis länglich oder lanzettlich, lorbeerähnlich, am Rande feinst gesägt, entlang der Mittelrippe gelblich behaart.
Zweige:	Rinde dunkelbraun, Holz rot.
Blütenstand:	Schmale, aufrechte Blütentrauben bis zu 10 cm lang.
Blüten:	Fünfzählig, weiß, betäubend duftend.
Früchte:	Erbsengroße, reif schwarzrote Kirschen mit glattem Stein.
Standort:	Wärmeliebend, verträgt keine Bodennässe. Aus Nordamerika eingeführt und gelegentlich in Wäldern angepflanzt.
Verwendung:	Früchte für Mischkompott. Holz für Furniere und Drechslerarbeiten.

Salomonssiegel

Polygonatum odoratum (Mill.) (†)

Kraut bis zu 50 cm hoch
Früchte rot, später schwarzblau

Andere Namen: Echte Weißwurz, Gemeine Weißwurz.

Blütezeit: Mai bis Anfang Juni.

Blätter: Wechselständig, zweireihig, eiförmig, zugespitzt.

Stengel: Grün, glatt, beblättert, krautig; Wurzelstock mehrfach knieartig verdickt.

Blütenstand: Achselständig.

Blüten: Nickend, weiß mit grünem Saum, schwach duftend.

Früchte: Rundlich, erst rot, dann schwarzblau.

Standort: Trockene Wälder, besonders Kiefernwälder, auch sonnige Laubmischwälder, liebt Kalkboden.

Verwendung: Keine verwendbaren Teile.

Anmerkung: Der Name Salomonssiegel bezieht sich auf die volkstümliche Deutung der Narben des Wurzelstocks an jenen Stellen, wo die vorjährige Pflanze gewachsen ist.

Berberitze

Berberis vulgaris L.

Strauch
Früchte scharlachrot

Andere Namen: Gemeiner Sauerdorn, Saurach.

Blütezeit: Mai bis Juni.

Blätter: Verkehrt eiförmig, gesägt, an kurzen Stielen büschelig.

Stengel/Zweige: Mit rötlicher Rinde, am Grunde der Blattstände mit Dornen; Holz gelb und sehr hart.

Blütenstand: Vielblütige, hängende Trauben.

Blüten: Sechszählig, goldgelb, Staubblätter besonders reizempfindlich.

Früchte: Scharlachrot, länglich bis walzenförmig, sauer. Sie enthalten je zwei bis drei Samen.

Standort: Warme, trockene Wälder und Gebüsche.

Verwendung: Blätter als Wildgemüse. Früchte für Marmelade und Gelee.

Anmerkung: Die Berberitze ist Zwischenwirt des gefährlichen Getreiderosts, deshalb nicht in der Nähe von Weizenfeldern anpflanzen.

Wolliger Schneeball

Viburnum lantana L.

†

Strauch
Früchte rot bis schwarz

Blütezeit:	Mai bis Juni.
Blätter:	Ellyptisch und vorn zugespitzt bis herzförmig, gezähnt, unterseits runzelig, mit weichem Flaum bedeckt, gegenständig.
Stengel/Zweige:	Jung graufilzig behaart.
Blütenstand:	Endständige Trugdolde.
Blüten:	Klein, zwitterig, fünfzählig; im Gegensatz zum gemeinen Schneeball sind alle Blüten gleich groß; angenehmer Duft.
Früchte:	Erst rote, dann schwarze Steinbeeren.
Standort:	Waldränder, feuchte Wälder, Gebüsche; liebt Kalkboden.
Verwendung:	Holz für Pfeifenröhren. Die Früchte gelten als giftig; besondere Vorsicht bei Kindern!
Anmerkung:	Kommt auch als Zierstrauch, oft mit baumartigem Wuchs vor.

Faulbaum | Strauch (Baum)
Rhamnus frangula L. | Früchte rot, später schwarz

Andere Namen:	Pulverholz, Stinkbaum, Grindbaum, Läusebaum.
Blütezeit:	Mai bis August.
Blätter:	Wechselständig, oval, leicht zugespitzt, oben dunkelgrün, unten glänzend hellgrün, mit haarigem Blattstiel.
Stengel/Zweige:	Rinde mit grauweißen Korkwarzen; ziemlich brüchig.
Blütenstand:	Kleine Trugdolden in den Blattachseln.
Blüten:	Grünlich weiß, trichterförmig, fünfblättrig.
Früchte:	Erst rote, dann schwarze Beeren mit schwarzgrünem Saft (daher die Namen »Tintenbeere« oder »Grünbeere«).
Standort:	Laub- und Nadelwälder, vor allem an feuchten Stellen.
Verwendung:	Rinde als Tee gegen Verdauungsbeschwerden.

Blutjohannisbeere
Ribes sanguineum L.

Strauch
Früchte lila

Blütezeit:	April bis Mai.
Blätter:	Rundlich, drei- bis fünflappig, am Rand doppelt gekerbt oder gezähnt, unterseits filzig behaart; Blattstiele drüsig.
Zweige:	Rötlich, glatt, jung drüsig und etwas behaart.
Blütenstand:	Hängende Trauben.
Blüten:	Röhrenförmig, glockig, rötlich bis blutrot.
Früchte:	Blauschwarze Beeren mit weißlichem Reif überzogen und daher violett erscheinend.
Standort:	Gelegentlich als Zierstrauch, sonst ab und zu an Feldrändern oder verwildert.
Verwendung:	Beeren genießbar, aber nicht schmackhaft.
Anmerkung:	Die Blutjohannisbeere stammt aus Nordamerika. Die Pflanze riecht auffallend aromatisch.

Lamberts Haselstrauch

Corylus maxima L.

Strauch
Früchte grün, später braun

Andere Namen: Bluthasel.

Blütezeit: Februar bis April.

Blätter: Wechselständig, breit bis eiförmig, etwas gelappt, Rand gekerbt bis gesägt.

Zweige: Grau, ziemlich glatt.

Blütenstand: Achselständig, einzeln wachsend (weiblich), hängende Kätzchen (männlich).

Blüten: Männliche Kätzchen 5 bis 7 cm lang, weibliche Blüten klein.

Früchte: Nüsse etwa 3 cm groß, länglich bis eiförmig, Samenhaut rotviolett.

Standort: Gebüsch, Waldrand, auch als Zierstrauch angepflanzt.

Verwendung: Samen zu Gebäck und anderem.

Anmerkung: Es gibt noch weitere Haselnußsorten – auch mit rötlichen Blättern – die größtenteils Züchtungen sind.

Heidelbeere

Vaccinium myrtillus L.

Kraut
Früchte dunkelblau

Andere Namen:	Bickbeere, Blaubeere.
Blütezeit:	Mai bis Juni.
Blätter:	Länglich bis eiförmig, schwach gekerbt, klein, kurzgestielt, feinst behaart.
Stengel:	Scharfkantig, verästelt.
Blütenstand:	Einzeln in den Blattachseln stehend.
Blüten:	Kugelig bis becherförmig, grün mit leicht rötlichem Hauch.
Früchte:	Grün, später rötlich und zuletzt blauschwarz.
Standort:	In Kiefernwäldern, auf Heiden und in trockenen, sandigen Nadelwäldern.
Verwendung:	Blätter für Tee. Beeren für Marmelade, Saft und Wein, auch als Färbemittel für Rotwein.
Anmerkung:	Die Heidelbeere enthält außerordentlich viele wertvolle Stoffe, so Gerbstoffe, Invertzucker, Vitamine A, B und C, Hydrochinon.

Mahonie

Mahonia aquifolium

Strauch
Früchte dunkelblau

Blütezeit:	April bis Mai.
Blätter:	Wechselständig, unpaarig gefiedert, oben glänzend dunkelgrün, am Rand buchtig, stachelig oder gezähnt, sitzend.
Zweige:	Grau, ohne Stacheln.
Blütenstand:	Rispenartige Trauben.
Blüten:	Goldgelb, sechszählig.
Früchte:	Dunkelblau bereifte, kugelige, rotsaftige Beeren.
Standort:	In Gärten und Parks.
Verwendung:	Keine verwendbaren Teile.

Sumpfheidelbeere

Vaccinium uliginosum L.

Strauch bis zu 90 cm hoch
Früchte schwarzblau

Andere Namen:	Moosbeere, Trunkelbeere (nicht zu verwechseln mit V. oxycoccus).
Blütezeit:	Mai bis Juli.
Blätter:	Spatelförmig, ganzrandig, am Rand etwas umgerollt, mit blaugrüner Unterseite.
Stengel:	Teils etwas holzig, kaum aufstrebend.
Blütenstand:	Mehrere Blüten am oberen Stengelende.
Blüten:	Weißrosa, fünfstrahlig, krugförmig.
Früchte:	Schwarzblau mit hellem Fleisch, rund, etwas größer als die gewöhnlichen Heidelbeeren.
Standort:	Feuchte und sumpfige Torfmoore.
Verwendung:	Die Beeren sind eßbar, sollen aber in größeren Mengen genossen Kopfschmerzen und Brechreiz hervorrufen.

Pflaume

Prunus domestica L.

Baum
Früchte schwarzblau

Andere Namen:	Zwetschge, außerdem viele Zucht- und Bastardformen unter anderen Namen.
Blütezeit:	April bis Mai.
Blätter:	Wechselständig, breit oval, mit grob gekerbtem oder gesägtem Rand, behaart, mit vortretenden Adern.
Zweige:	Dunkelgraue, rissige Rinde.
Blütenstand:	Meist zu zweit wachsend.
Blüten:	Grünlichweiß, fünfzählig.
Früchte:	Länglich oder rundlich, schwarzblau, hellblau bereift.
Standort:	Am Waldrand, meist jedoch in Gärten kultiviert.
Verwendung:	Als Obst vielseitig verwendbar.
Anmerkung:	Der Baum wird häufig vom Pflaumenporling, einem harten, bräunlichen Baumschwamm, geschädigt und zerstört.

Schwarze Heckenkirsche

Lonicera nigra L.

(†)

Strauch
Beeren schwarzblau

Blütezeit:	April bis Mai.
Blätter:	Gegenständig, oval bis länglich, bisweilen etwas zugespitzt, ganzrandig.
Zweige:	Kahl, erst markig, später hohl.
Blütenstand:	Paarweise wachsend.
Blüten:	Rötlich, Blütenstiele kahl und wesentlich länger als die Blüte.
Früchte:	Paarweise hängende, große, blauschwarze, miteinander verwachsene Beeren, die oft ungleich groß sind.
Standort:	Schattige Bergwälder, auf steinigen bis humösen Böden; wird auch als Zierstrauch angepflanzt.
Verwendung:	Keine verwendbaren Teile.

Wacholder

Juniperus communis L.

Strauch
Früchte schwarzblau

Andere Namen:	Kranawitt, Machandel.
Blütezeit:	April bis Mai.
Blätter:	Zu dritt im Quirl stehende, stechende Nadeln.
Äste:	Rotbraun, stark verzweigt; Rinde graubraun, alt etwas rissig.
Blütenstand:	Kätzchen, Beerenzapfen.
Blüten:	Zweihäusig; männliche Blüte eiförmig, gelb, kätzchenartig; weibliche Blüte grünlich, mehr einer Knospe ähnelnd.
Früchte:	Scheinbeeren, die erst im zweiten Jahr reifen; gefurcht und schwarzblau bereift.
Standort:	Kiefernwälder, Heiden, trockene, sandige Gegenden.
Verwendung:	Zweige und Beeren zum Räuchern. Die Beeren werden für eine vielseitig wirkende Arznei verwendet, aber auch als Gewürz und als Grundsubstanz für Schnaps.

Brombeere

Rubus fruticosus L.

Strauch
Früchte schwarzblau

Andere Namen:	Dornbeere, Brambeere.
Blütezeit:	Juni bis Juli.
Blätter:	Wechselständig, gefiedert, drei bis siebenzählig, Teilblätter meist aus einem Punkt entspringend, dunkelgrün. Blattstiele und Nerven stachelig.
Stengel/Zweige:	Stachelig, nach der Fruktifikationsperiode unfruchtbar werdend, im Boden nach unten wachsend, in der Erde Wurzeln schlagend.
Blütenstand:	Lockere Trugdolden.
Blüten:	Weiß bis rötlich.
Früchte:	Viele blauschwarze, nicht bereifte, verwachsene Steinfrüchte bilden zusammen die eigentliche Brombeere.
Standort:	In Wäldern, auf Heiden und in Gebüschen, vielfach auch an Wegrändern.
Verwendung:	Blätter für Tee. Beeren für Marmelade.

Christofskraut

Actaea spicata L.

†

Kraut
Früchte schwarzblau

Andere Namen:	Ährenchristofskraut, Schwarzbeeriger Hahnenfuß.
Blütezeit:	Mai bis Juni.
Blätter:	Dreizählig, doppelt gefiedert, zugespitzt. Beim Zerreiben scharfer, unangenehmer Geruch.
Blütenstand:	Eiförmige Traube.
Blüten:	Kleine, weiße, vierzählige Blütchen.
Früchte:	Blauschwarze Beeren, die einzeln auf kurzen Stielen sitzen.
Standort:	In Bergwäldern, gelegentlich im Flachland, im Laub- oder Mischwald. Liebt gut durchwässerten, lockeren Boden.
Verwendung:	Alle Teile giftig. Das Christofskraut wurde früher als Heilpflanze verwendet.

Einbeere

Paris quadrifolia L.

†

Kraut
Frucht schwarzblau

Andere Namen:	Wolfsbeere, Wolfsbesinge.
Blütezeit:	Mai bis Juni.
Blätter:	Eiförmig, netznervig, zu viert einen »Quirl« fast an der Spitze des Stengels bildend.
Stengel:	Glatt, nur oben beblättert.
Blütenstand:	Endständige Einzelblüte.
Blüten:	Gestielt, grün, vierstrahlig.
Früchte:	Schwarzblaue, knapp kirschgroße, innen längsgeteilte Beeren.
Standort:	Auf feuchtem Lehmboden, in nährstoffreichen Laubwäldern und Gebüschen.
Verwendung:	Giftig! Keine verwendbaren Teile.
Anmerkung:	Die Beeren enthalten hauptsächlich zwei Giftstoffe, die zum Erbrechen reizen oder narkotisch wirken.

Wilder Wein
Parthenocissus quinquefolia

Rankepflanze
Früchte blauschwarz

Blütezeit:	Juli bis August.
Blätter:	Handförmig mit roten Blattstielen, eiförmig bis länglich, kerbig bis gesägt.
Stengel:	Triebe rosenrot, Zweige dunkelgrau, Rankenenden mit kleinen Haftscheibchen versehen.
Blütenstand:	Am Ende der Zweige rispig gehäuft.
Blüten:	Grünlich, fünfzählig.
Früchte:	Erbsengroße, blauschwarze Beeren.
Standort:	An Zäunen, Mauern, auch an astlosen Bäumen sich emporschlingend.
Verwendung:	Beeren kaum zu verwenden.

Efeu
Hedera helix L.

†

Rankepflanze
Früchte blauschwarz

Blütezeit: August bis September.

Blätter: Handförmig gelappt, oval zugespitzt oder dreilappig, glatt; frische Blätter hellgrün, ältere dunkler.

Stengel/Zweige: Mit Haftwurzeln an der Stützpflanze emporwachsend (aber nicht schmarotzend). Alte Zweige klettern im allgemeinen nicht weiter.

Blütenstand: Dolde.

Blüten: Grün, aus je fünf Kron- und Kelchblättern bestehend. Geruch erinnert etwas an Honig.

Früchte: Kugelige, blauschwarze, kleine Beeren.

Standort: An Bäumen, Türmen und anderem emporkletternd oder auf der Erde sich ausbreitend, stets im Schatten.

Verwendung: Beeren giftig! Blätter wegen des Saponingehaltes als Tee.

Anmerkung: Junge Pflanzen blühen nicht. Auffallend ist auch die Blüte im Herbst.

Schlehe
Prunus spinosa L.

Strauch
Früchte blauschwarz

Andere Namen: Schwarzdorn, Dornstrauch.
Blütezeit: März bis Mai.
Blätter: Kurzstielig, länglich, Rand gesägt, erst flaumig, dann kahl, wechselständig.
Stengel/Zweige: Am Ende in einen spitzen Dorn auslaufend; Rinde grauschwarz, an den Zweigen rauh bis knorrig; überall dornbewehrt.
Blütenstand: Einzelne Blüten entlang der Zweigchen.
Blüten: Glockig, weiß, fünfzählig, außerordentlich zahlreich; sehr aromatisch duftend.
Früchte: Dunkelblaue Steinfrüchte, mit weißlichem Reif bedeckt, kugelig, etwa 1 cm dick, sauer.
Standort: Hecken, Gebüsche, Wegränder, Wälder.
Verwendung: Blüten für Tee. Früchte (erst nach dem ersten Frost genießbar) zu Schnaps, Saft und Mus.
Anmerkung: Die Blüten erscheinen vor den Blättern, daher im Frühjahr leicht zu erkennen.

Ackerbrombeere

Rubus caesius L.

Strauch
Früchte blauschwarz

Andere Namen:	Kratzbeere.
Blütezeit:	Mai bis Juni.
Blätter:	Eiförmig bis breitoval, doppelt gesägt, meist dreizählig, aber auch bis zu siebenzählig.
Zweige:	Stachelig, rundwandig, meist kriechend.
Blütenstand:	Rispe.
Blüten:	Weißlich, fünfzählig.
Früchte:	Ähnlich denen der echten Brombeere.
Standort:	Auwälder, auch zwischen Unkraut auf feuchtem Brachland; stickstoffliebend.
Verwendung:	Eßbar, aber weniger wertvoll als die echte Brombeere.
Anmerkung:	Die Ackerbrombeere ist nur schwer von der echten Brombeere zu unterscheiden. Ihre Büsche sind niedriger, die Blätter tiefer eingesägt und die Bodenansprüche größer.

Krähenbeere (✝) Kraut (Strauch)
Empetrum nigrum L. Früchte schwarz

Andere Namen:	Rauschbeere, Trunkelbeere (nicht zu verwechseln mit Vaccinium oxycoccus und anderen).
Blütezeit:	Mai bis Juli.
Blätter:	Fast quirlständig, klein, glänzend grün, nadelförmig, sehr kurzgestielt.
Stengel:	Am Boden aufliegend, ganze Rasen bildend.
Blütenstand:	Blüten in den oberen Blattachseln.
Blüten:	Rot, sehr klein, zweihäusig.
Früchte:	Kugelige, glänzend schwarze Beeren von Erbsengröße mit sechs bis neun Steinchen. Saft rot, säuerlich schmeckend.
Standort:	Dünen, Torfmoore, Alpentriften und Heide.
Verwendung:	Keine verwendbaren Teile.

Kreuzdorn

Rhamnus carthartica L.

Strauch
Früchte schwarz mit vier Steinen

Andere Namen: Purgier-Dornstrauch.

Blütezeit: Mai bis Juni.

Blätter: Eiförmig bis lanzettlich, am Rande gesägt, teilweise in Büscheln wachsend, oben stumpfgrün, unten heller.

Stengel/Zweige: Mit Dornen, die kreuzförmig in den Gabeln und einzeln an den Zweigenden stehen.

Blütenstand: Trugdolden in den Blattachseln.

Blüten: Teilweise zweihäusig, manche männliche Blüten haben verkümmerte Fruchtknoten, weibliche verkümmerte Staubgefäße.

Früchte: Erbsengroße, erst grüne, dann schwarze Beeren mit vier Steinen.

Standort: Wälder, Gebüsche, Waldränder, Weiden.

Verwendung: Früchte für Tee und Sirup gegen Ausschläge, auch als Abführmittel.

Schwarzer Nachtschatten

Solanum nigrum L.

†

Kraut (Strauch)
Früchte schwarz

Blütezeit:	Juni.
Blätter:	Wechselständig, gestielt, wellig bis gebogen, gezähnt, meist oval und zugespitzt.
Blütenstand:	Kleine Traube.
Blüten:	Weiß, fünfstrahlig, etwas unangenehm riechend.
Früchte:	Schwarze Beeren, ähnlich den Heidelbeeren.
Standort:	Straßengemäuer, Wegränder, steinige Böden, Schuttplätze.
Verwendung:	Giftig! Keine verwendbaren Teile.
Anmerkung:	Früher wurden Auszüge aus dem Schwarzen Nachtschatten gegen Kopfweh und Geschwüre verwendet. Das Gift – Solanin – ist auch in den grünen Kartoffelknollen enthalten.

Tollkirsche † Staude bis zu 130 cm hoch

Atropa belladonna L. Früchte schwarz

Andere Namen: Schlafbeere, Teufelsbeere.

Blütezeit: Mai bis Juni.

Blätter: Eiförmig, spitz zulaufend, mit Drüsen besetzt, meist zu mehreren an einer Stelle entspringend und am Stiel etwas herablaufend.

Stengel: Ästig, drüsig behaart.

Blütenstand: Steht meist zwischen einem größeren und kleineren Blatt.

Blüten: Glockenförmig, ziemlich groß, schmutzlila geadert, fünfstrahlig.

Früchte: Schwarze Beeren mit schmutzigrosarotem Saft; innen ähnlich aufgebaut wie Tomaten.

Standort: Schattige Bergwälder, auch im Hügelland.

Verwendung: Nur in der Medizin (Atropin). Bereits der Genuß von vier bis fünf Beeren kann den Tod herbeiführen.

Schwarze Johannisbeere

Ribes nigrum L.

Strauch
Früchte schwarz

Andere Namen:	Ahlbeere.
Blütezeit:	April bis Mai.
Blätter:	Wechselständig, rundlich, langstielig, meist fünflappig, unten leicht punktiert.
Blütenstand:	Hängende Trauben.
Blüten:	Grünlichrot mit dicht behaarten Kelchblättern.
Früchte:	Schwarze, drüsig punktierte, etwas unangenehm duftende Beeren.
Standort:	Auf feuchten Böden in Auwäldern und Flußtälern; oft in Gärten angepflanzt.
Verwendung:	Beeren enthalten viel Vitamin C. Sie werden zu Marmelade und Gelee verarbeitet.

Roter Hartriegel
Cornus sanguinea L.

Strauch
Früchte schwarz, hell punktiert

Andere Namen: Roter Hornstrauch.

Blütezeit: Mai bis Juni.

Blätter: Gegenständig, breit bis oval, etwas zugespitzt, anfangs leicht haarig, ungleich groß; im Herbst blutrot.

Stengel/Zweige: Im Sommer rotbraun, im Winter – wenigstens einseitig – blutrot.

Blütenstand: Schirmförmige Trugdolden an den Zweigspitzen.

Blüten: Weiß, vierzählig.

Früchte: Erbsengroße, blauschwarze Steinfrüchte mit zweisamigen Steinkernen und bitterem Geschmack. Die Beeren sind meist weiß punktiert und sitzen auf roten Stielen.

Standort: Waldränder, Hecken, Wiesenränder, Dorfgärten.

Verwendung: Holz für Drechslerarbeiten.

Weißer Hartriegel

Cornus stolonifera L.

Strauch
Früchte weißlich bis hellbläulich

Blütezeit:	Mai bis Juni.
Blätter:	Oval, gegenständig, zugespitzt, bis zu 20 cm lang, etwas behaart, ganzrandig, an der Unterseite hellgrau bis grün.
Zweige:	Im Herbst purpurrot.
Blütenstand:	Trugdolden.
Blüten:	Weiß, vierzählig.
Früchte:	Weißliche bis hellbläuliche, kugelige Steinfrüchte.
Standort:	Parks und Gärten.
Verwendung:	Keine verwendbaren Teile.

Kirschlorbeer

Prunus laurocerasus

†

Strauch
Früchte schwarz

Der Kirschlorbeer ist ähnlich der Spätblühenden Traubenkirsche (Prunus serotina), hat jedoch fast glattrandige Blätter und dichter beieinander stehende Früchte.

Die Blätter enthalten das giftige Kirschlorbeeröl.

Weiteres siehe Traubenkirsche.

Liguster

Ligustrum vulgare L.

†

Strauch
Früchte schwarz

Andere Namen:	Rainweide, Falscher Jasmin, Hartriegel.
Blütezeit:	Juni.
Blätter:	Gegenständig, selten zu dritt stehend, lederartig, schmal, unterseits heller, im Herbst oft violett.
Stengel/Zweige:	Rinde graubraun mit hellen Korkwarzen, Zweige fast glatt.
Blütenstand:	Endständige Rispen.
Blüten:	Weiß, klein, vierzählig, mit schwerem, fast unangenehmem Duft (riecht wie ein älterer Grüner Knollenblätterpilz).
Früchte:	Rund, klein, schwarz, mit schwarzviolettem Saft und zwei bis vier ölhaltigen Samen.
Standort:	Meist als Hecken angepflanzt, in Südeuropa auch einzeln wachsend.
Verwendung:	Die Beeren früher als Färbemittel. Giftig!

Schwarzer Holunder

Sambucus nigra L.

Strauch
Früchte schwarz

Andere Namen: Holder, Holler, Flieder (nicht zu verwechseln mit dem echten Gartenflieder).

Blütezeit: Mai bis Juni.

Blätter: Unpaarig gefiedert, glatt, mit mehr oder weniger unangenehmem Geruch.

Stengel/Zweige: Innen markig, außen punktiert.

Blütenstand: Flache Trugdolden.

Blüten: Weiß, vier- bis fünfzählig, aromatisch duftend.

Früchte: Erst grüne, dann schwarze Beeren mit rotem Saft (Vorsicht, Flecken lassen sich kaum entfernen).

Standort: Ruinen, Schutthaufen, Waldrand, Gärten, Wegränder, Hecken.

Verwendung: Blüten zu Holderplätzchen und Fliedertee. Beeren zu Saft und Gelee (sehr vitaminhaltig).

Zwergholunder
Sambucus ebulus L.

†

Strauch
Früchte schwarz

Andere Namen:	Attich.
Blütezeit:	Juni bis August.
Blätter:	Unpaarig gefiedert, lanzettlich, gegenständig, am Rand gesägt.
Blütenstand:	Flache Trugdolden.
Blüten:	Weiß bis schwach rosa, fünfzählig, klein.
Früchte:	Schwarz glänzende, dreisamige, stark abführende Beeren.
Standort:	An Waldrändern und auf Kahlschlägen, bisweilen auch als Zierstrauch angepflanzt.
Verwendung:	Keine genießbaren Teile.

Blaue Heckenkirsche

Lonicera caerulea L.

(✝)

Strauch
Früchte schwarz

Blütezeit:	April bis Mai.
Blätter:	Gegenständig, eiförmig bis länglich, bisweilen spitz, kurzgestielt, bis zu 8 cm lang; jung etwas behaart.
Zweige:	Abblätternde, rissige Rinde, gelb oder korallenrot.
Blütenstand:	Zu zweit auf achselständigen Stielen wachsend.
Blüten:	Grünlich bis gelblichweiß.
Früchte:	Schwarze, blau bereifte, zu zweit wachsende Beeren.
Standort:	Vorwiegend in den Alpen; selten vorkommend.
Verwendung:	Keine verwendbaren Teile.

Traubenkirsche

Prunus padus L.

Baum
Früchte schwarz

Andere Namen: Ahlkirsche, Gemeine Traubenkirsche.

Blütezeit: April bis Mai.

Blätter: Wechselständig, länglich bis eiförmig, zugespitzt, mit gesägtem Rand, am Stiel meist mit zwei grünen Drüsen versehen.

Zweige: Jung fein behaart; Rinde schwarzgrau, Holz gelbbraun; riecht unangenehm.

Blütenstand: Lange Trauben am Ende von Kurztrieben.

Blüten: Weiß, fünfzählig, eigenartig riechend.

Früchte: Erbsengroße, kugelige, schwarze, bittersüße Steinfrüchte.

Standort: Humöse Böden, Alpentäler, Flußauen.

Verwendung: Beeren bittersüßes Aroma, werden zunehmend für Mischmarmeladen und Erfrischungsgetränke verwendet.

Felsenkirsche

Prunus mahaleb L.

Strauch (Baum)
Früchte schwarz

Andere Namen: Türkische Weichsel, Steinweichsel.

Blütezeit: Mai.

Blätter: Wechselständig, eiförmig zugespitzt, mit gekerbt-gesägtem Rand und behaarter Mittelrippe.

Zweige: Erst glatt und dunkelbraun, dann längsrissig und schwarzbraun.

Blütenstand: Trauben.

Blüten: Weiß, angenehmer Duft.

Früchte: Erbsengroße, erst gelbe, dann rote, zuletzt schwarze Steinfrüchte mit wenig Saft.

Standort: Vorwiegend auf Kalkboden.

Verwendung: Holz für Furniere. Kirschen genießbar.

Anmerkung: Von der Abbildung und Beschreibung der häufigsten Kirscharten (Sauer-, Süß- und Weichselkirsche) wurde abgesehen. Dafür sind drei seltenere Arten berücksichtigt.

Schwarzer Maulbeerbaum

Morus nigra L.

Baum (Strauch)
Früchte schwarzviolett

Blütezeit:	Mai.
Blätter:	Wechselständig mit gesägtem Rand, breit eiförmig, stellenweise auch gelappt, unterseits kurzhaarig.
Äste:	Behaart, zuletzt hell rotbraun; Holz hart.
Blütenstand:	Ein- oder zweihäusig.
Blüten:	Männliche Kätzchen hängend, Narben rauhhaarig.
Früchte:	Schwarzviolette Scheinbeeren, von weitem den Brombeeren ähnelnd.
Standort:	Meist als Zierbaum angepflanzt.
Verwendung:	Beeren für Kompott. Blätter gelegentlich als Nahrung für Seidenraupen.

Gurke

Cucumis sativus L.

Kraut
Früchte grün bis gelb

Blütezeit: Frühjahr.

Blätter: Je nach Art (man unterscheidet etwa zehn verschiedene selbständige Arten), drei- bis siebenteilig verwachsen, vom Mittelteil ab spitz auslaufend.

Blütenstand: Einzeln in den Blattachseln wachsende Blüten.

Blüten: Gelblich, fünfzählig, sternförmig.

Früchte: Vielsamige grüne Großbeeren, in vielen Variationen und Arten vorkommend (Schlangengurke, Balsamgurke, Melone und andere).

Standort: Auf Komposthaufen, aber auch auf feuchten, nährstoffreichen Halden, Abfallhaufen, Schuttplätzen und ähnlichem.

Verwendung: Früchte zu Salat und Gemüse.

Anmerkung: Gurken sind – wie Kürbisse – Beeren.

Kartoffel ✝ Kraut

Solanum tuberosum L. Frucht grün, giftig

Andere Namen:	Erdapfel.
Blütezeit:	Juni bis September.
Blätter:	Gefiedert, länglich oval, etwas zugespitzt, mit hervortretenden Blattadern, fast ganzrandig.
Stengel:	Grünlich, bis zu 80 cm hoch.
Blütenstand:	Trugdolden.
Blüten:	Weiß, gelblich oder bläulich, fünfzählig.
Früchte:	Grüne Beeren, an langen Stielen hängend. Die eigentliche Kartoffel, also der Teil der Pflanze, den wir essen, ist eine Knolle des Wurzelstocks, keine Frucht.
Standort:	Angepflanzt in verschiedenen Sorten, verwildert auch auf Abfallhaufen, an Feldrändern und anderen Stellen.
Verwendung:	Während die Kartoffelknolle sehr vielseitig als Nahrungsmittel Verwendung findet, sind die grünen Beeren sehr giftig.

Weinstock
Vitis vinifera L.

Strauch (Rankepflanze)
Früchte grün bis violett

Andere Namen:	Weinrebe, Traubenstock.
Blütezeit:	Juni bis Juli.
Blätter:	Herzförmig, gefingert bis geteilt, an der Blattbasis mit Nebenblättern, drei- bis fünflappig, Rand gezähnt bis gekerbt.
Zweige:	Rankend; Rinde faserig, rotbräunlich.
Blütenstand:	Rispen.
Blüten:	Zwitterig, gelblichgrün, fünfzählig.
Früchte:	Grüne, gelbgrüne, dunkelblaue oder kupferrote Beeren.
Standort:	In vielen Kulturformen in Weinbergen angebaut, bisweilen verwildert am Waldrand oder im Gebüsch.
Verwendung:	Beeren für Saft, Wein, Marmelade.

Stachelbeere

Ribes grossularia (R. uva-crispa)

Strauch
Früchte grünlichgelb bis rötlich

Blütezeit: April.

Blätter: Wechselständig, rundlich, drei- bis fünflappig, gekerbt, behaart, oben glänzend.

Zweige: Stachelig, Triebe mit heller Rinde.

Blütenstand: Meist einzeln stehend.

Blüten: Zwitterig, grünlich bis rötlich, gestielt.

Früchte: Rote bis grüne, borstige, vielsamige Beeren von etwa 1 cm Durchmesser (viele Kultursorten werden wesentlich größer).

Standort: Schluchtwälder, Laub- und Mischwald, Gebüsche, in vielen Zuchtformen in Gärten angepflanzt; kalkliebend.

Verwendung: Beeren für Kuchen, Marmelade und dergleichen.

Klappernuß

Staphylea pinnata L.

Strauch
Früchte grün

Andere Namen:	Pimpernuß.
Blütezeit:	Mai bis Juni.
Blätter:	Wechselständig, länglich oval, zugespitzt, fast stiellos, fein gezähnt, etwas behaart.
Blütenstand:	Bis zu 12 cm lange hängende Trauben.
Blüten:	Weiß bis rötlich, fünfzählig.
Früchte:	Grüne hängende Kapseln mit ölreichen Samen.
Standort:	Weg-, Wald- und Feldränder; nicht sehr anspruchsvoll.
Verwendung:	Samen als Nußersatz.

Haselstrauch

Corylus avellana L.

Strauch bis 10 m Höhe
Früchte grün, dann hellbraun

Blütezeit: Februar bis März.

Blätter: Rundlich, etwas zugespitzt, meist wechselständig, doppelt gesägt, Adern unterseits stark hervortretend.

Stengel/Zweige: Graubraun, lange glatt bleibend.

Blütenstand: Einzeln in den Astgabeln wachsend (weiblich), hängende Kätzchen (männlich).

Blüten: Einhäusig; die weibliche Blüte besteht aus einer kleinen Knospe, aus der die rote Narbe wie ein Pinsel hervorschaut; die männlichen Kätzchen sind gelb.

Früchte: Erst grüne bis gelbgrüne, dann hellbraune Nüsse, die in grüne Blattkelche eingebettet sind; stark ölhaltig.

Standort: Meist in Laubwäldern als Unterholz.

Verwendung: Blätter zu Tee.
Samen für Gebäck und anderes.

Walnußbaum

Juglans regia L.

Baum
Früchte grün

Andere Namen:	Welschnuß.
Blütezeit:	Mai.
Blätter:	Wechselständig, aus meist sieben länglichen bis eiförmigen, ganzrandigen, gerieben aromatisch duftenden Fiederblättchen zusammengesetzt.
Zweige:	Glatt, alt rissig, grau.
Blütenstand:	Männliche Kätzchen dick und hängend, weibliche Blüten endständig, zu zweit bis zu fünft beieinander wachsend.
Blüten:	Einhäusig, gelbgrün.
Früchte:	Kugelige, grüne, punktierte, glatte Steinfrüchte; Nußschale holzig, braun, gefurcht, mit Scheidewänden.
Standort:	In geschützten Lagen, auf gutem Boden.
Verwendung:	Holz für Möbelfurniere. Kerne zur Ölgewinnung, für Kuchen und dergleichen.

Zwergwacholder
Juniperus communis, var. saxatilis Pall.

Strauch
Früchte grün, dunkelbraun oder violett

Der Zwergwacholder unterscheidet sich vom Gemeinen Wacholder durch folgende Merkmale:
Er hat dickere und weichere Nadeln, die Samen sind kürzer, der Strauch niederliegend, und etwa 30 Zentimeter hoch. Der Zwergwacholder blüht später als der Gemeine Wacholder und wächst vor allem in den Gebirgsregionen von 1500 – 2500 m Höhe. Die Früchte sind erst grün, im zweiten Jahr dunkelbraun bis violett und blaubereift.

Japanische Scheinquitte

Chaenomeles japonica (= Cydonia j.)

Strauch
Früchte grün bis rot

Blütezeit:	März bis April.
Blätter:	Eiförmig, stumpf oder vorn etwas zugespitzt, bis zu 5 cm lang, am Rand fein gesägt, etwas lederartig.
Zweige:	Glatt, kahl, dornig.
Blütenstand:	Zwei bis sechs Blüten in doldenähnlichen Trauben.
Blüten:	Kronenblätter rot, Kelchblätter rötlich.
Früchte:	Kugelig, apfelförmig, bis zu 4 cm dick, oben und unten etwas vertieft, grün bis rot, oft grün mit zahlreichen rötlichen bis violetten Punkten.
Standort:	Wegränder, Gärten.
Verwendung:	Keine verwendbaren Teile.

Hopfen

Humulus lupulus L.

Rankepflanze
Früchte grünlich, später bräunlich

Blütezeit:	Juli bis August.
Blätter:	Gegenständig, langstielig, handförmig, meist dreilappig, gesägt, rauhhaarig.
Stengel:	Mit steifen Borstenhaaren besetzt, kletternd.
Blütenstand:	Trugdolden (männlich), Trauben (weiblich), in den Blattwinkeln wachsend.
Blüten:	Zweihäusig; die weibliche Blüte ist gelbgrün, sieht wie ein kleines Tannenzäpfchen aus und ist mit gelben Drüsen besetzt; die männliche Blüte ist grün.
Früchte:	Rundlich bis zapfenförmig; die Früchte werden unreif im grünen Zustand geerntet.
Standort:	Auwälder, Hecken, Gebüsche, Flußufer, angepflanzt in besonderen Hopfenfeldern.
Verwendung:	Junge Schößlinge als Suppenwürze. Blüten als Tee. Drüsen der Fruchtzapfen zur Gewinnung des Bitterstoffes für Bier.

Stechapfel
Datura stramonium L.

†

Strauch
Früchte grünbraun

Blütezeit:	Juni bis September.
Blätter:	Gestielt, mehr oder weniger oval, aber mit buchtig spitzem, tiefgezähntem Rand; unangenehmer Geruch.
Stengel:	Aufrecht, kahl.
Blütenstand:	Einzeln in Astgabeln oder am Ende der Zweige.
Blüten:	Trichterförmig, weißlich bis bläulich, fünfzählig, betäubender Duft.
Früchte:	Stachelige, runde Kapsel mit schwarzbraunen, runzeligen Samen.
Standort:	Auf lockerem, stickstoffreichem Boden, an Wegrändern, auf Schuttplätzen und an Bahndämmen; kommt selten vor.
Verwendung:	Giftig! Nur in der Medizin.

Waldrebe

Clematis vitalba L.

†

Rankepflanze
Früchte bräunlich

Andere Namen:	Echte oder Gemeine Waldrebe.
Blütezeit:	Juni bis August.
Blätter:	Gegenständig, unpaarig gefiedert, mit gezähntem bis gelapptem Rand; Blattstiele rankend.
Stengel:	Kantig, braun, bis zu 6 m an Bäumen, Sträuchern und Zäunen emporrankend.
Blütenstand:	Trugdolden in den Blattwinkeln oder endständig.
Blüten:	Weißlich, schwach duftend.
Früchte:	Kleine, braune, federig- bis langgeschwänzte Nüßchen.
Standort:	Waldränder und Gebüsche.
Verwendung:	Keine verwendbaren Teile.

Eßkastanie
Castanea sativa Mill.

Baum
Früchte bräunlich

Andere Namen:	Edelkastanie.
Blütezeit:	Mai bis Juli.
Blätter:	Wechselständig, kurzgestielt, länglich bis lanzettlich, bis zu 18 cm lang, etwas lederig, am Rand buchtig gezähnt, stachelspitzig.
Blütenstand:	Die männlichen Blüten sitzen in langen, perlschnurförmigen Kätzchen, die weiblichen meist zu dritt in einer schuppigen Hülle.
Blüten:	Einhäusig; männliche Kätzchen gelb, knäuelartig.
Früchte:	In einer stacheligen, weniger dicken Fruchthülle als bei der Roßkastanie befinden sich bis zu drei glänzende, braune, vorn zugespitzte »Maronen«.
Standort:	Auf lockerem, mineralreichem Boden in wärmeren Zonen, eingestreut im Laubwald.
Verwendung:	Früchte als Beilage zum Essen.

Echte Mispel

Mespilus germanica L.

Strauch (Baum)
Früchte braun

Andere Namen: Gemeine Mispel.

Blütezeit: Mai bis Juni.

Blätter: Wechselständig, kurzgestielt, länglich oval, etwas zugespitzt, 6 bis 12 cm lang, ganzrandig oder fein gezähnt, oben etwas flaumig, unten filzig.

Zweige: Aschgrau mit einzelnen geraden Dornen; jung filzig bis behaart.

Blütenstand: Einzeln, endständig.

Blüten: Weiß mit roten Staubbeuteln, etwa 4 cm breit.

Früchte: Apfelförmig, knapp walnußgroß, erst rötlichgelb, später braun, oben abgeflacht und von den Kelchzipfeln gekrönt.

Standort: Auf nahrhaftem Boden an schattigen Plätzen, hauptsächlich in Süddeutschland; kommt selten vor.

Verwendung: Früchte erst nach dem Durchfrieren eßbar.

Elsbeere

Sorbus torminalis (L.) Crantz

Baum (Strauch)
Früchte lederbraun

Andere Namen:	Ruhrbirne, Atlasbeere.
Blütezeit:	Mai bis Juni.
Blätter:	Wechselständig, breit eiförmig, tief gelappt, gesägt, unten heller als oben, im Herbst rot gefärbt.
Zweige:	Glatt, grau, alt dunkelbraun und dünn aufblätternd.
Blütenstand:	Trugdolde.
Blüten:	Weiß, klein, fünfzählig.
Früchte:	Erst rötlichgelb, dann braun, hellpunktiert, viersamig, erst sehr hart, später teigig.
Standort:	In Bergwäldern, auch in Parks; auf Kalkboden.
Verwendung:	Früchte genießbar, aber wenig ergiebig.

Mistel

Viscum album L.

Schmarotzerpflanze
Früchte weiß

Blütezeit:	April bis Mai.
Blätter:	Lanzettlich bis spatelförmig, fast sitzend, lederartig, bis zu 5 cm lang.
Zweige:	Glatt, gelblichgrün.
Blütenstand:	Endständig.
Blüten:	Zweihäusig, vierzählig, gelb, klein.
Früchte:	Weiße, glänzende, kugelige, schleimige Beeren.
Standort:	Als Schmarotzer auf Laubbäumen und Weißtannen.
Verwendung:	Beeren zu Medizin.

Schneebeere
Symphoricarpus albus

(✝)

Strauch
Früchte weiß

Blütezeit:	Juni bis August.
Blätter:	Meist gegenständig, rundlich bis eiförmig, bisweilen etwas gelappt, kurz gestielt.
Zweige:	Kahl, dünn, vierkantig.
Blütenstand:	Kleine, unterbrochene Trauben am Ende der Zweige.
Blüten:	Rötlich, innen haarig.
Früchte:	Schneeweiße, große, poröse bis fleischige Beeren, die im Winter hängen bleiben.
Standort:	Am Waldrand, in Hecken und Gärten, auch in Parks.
Verwendung:	Keine verwendbaren Teile.

Weißer Maulbeerbaum

Morus alba L.

Baum
Früchte weiß

Blütezeit: Mai.

Blätter: Wechselständig, vielgestaltig, eiförmig bis mehrlappig, meist etwas zugespitzt, ungleich gesägt, unterseits etwas behaart; der Stiel ist wenigstens 2 cm lang.

Zweige: Graubraun; Holz hart.

Blütenstand: Kätzchen.

Blüten: Ein- oder zweihäusig.

Früchte: Weiße, vielsamige Scheinbeeren von ziemlich fadem Geschmack.

Standort: An warmen Plätzen auf lockerem Boden; kann sich durch Stecklinge vermehren; wird als Futterpflanze für die Seidenraupen angepflanzt.

Verwendung: Beeren für Mischmarmeladen.

Holzapfel
Malus pumila Mill.

Baum
Früchte gelblich

Andere Namen:	Johannisapfel.
Blütezeit:	Mai bis Juni.
Blätter:	Wechselständig, eiförmig, mehr oder weniger zugespitzt, am Rand gesägt bis gekerbt.
Zweige:	Rotbräunlich, später graubraun; Holz hart.
Blütenstand:	Büschelig wachsend auf kurzen Stielen.
Blüten:	Blaß, kaum duftend.
Früchte:	Kleine gelbgrüne bis gelbe Äpfel.
Standort:	An lichten Stellen, besonders am Waldrand auf Kalkboden.
Verwendung:	Wird nur als Wildfutter gebraucht.
Anmerkung:	Der Holzapfel ist die Stammform aller Kulturäpfel.

Holzbirne

Pirus communis L.

Baum (Strauch)
Früchte gelblich

Blütezeit:	April bis Juni.
Blätter:	Wechselständig, spitzig bis eiförmig, fein gesägt, etwas hart, Stiel meist länger als das Blatt.
Zweige:	Bräunlich gescheckt; Stamm mit schwarzgrauer, würfelig gefelderter Borke.
Blütenstand:	In Büscheln am Ende von belaubten Kurztrieben wachsend.
Blüten:	Fünfstrahlig, blaß, mit roten Staubgefäßen.
Früchte:	Rundlich, grünlich bis gelblich, gelegentlich rot überlaufen, langgestielt.
Standort:	Auf kalkhaltigem Boden, am Waldrand, in Hecken und Gebüschen.
Verwendung:	Früchte als Wildfutter.

Kürbis | Kraut
Cucurbita | Früchte orange bis grün
(Viele Arten, Abarten und Formen)

Kürbisse werden in Mitteleuropa meist als Viehfutter, in Südeuropa und außereuropäischen Ländern aber auch als Gemüsepflanzen verwendet. Ihre Gestalt ist sehr vielfältig. Flaschen-, Gurken- oder Warzenkürbisse sehen zwar sehr verschieden aus, sind aber alle miteinander verwandt.
Kürbisse sind Beerenfrüchte. Sie besitzen eingeschlechtige Blüten und lieben sonnige, aber feuchte und nährstoffreiche Böden. Im Wald findet man Kürbisse nur verwildert an sonnigen, humösen Orten.

Quitte
Cydonia oblonga L.

Baum (Strauch)
Früchte goldgelb

Blütezeit:	Mai bis Juni.
Blätter:	Eiförmig, kurzgestielt, bis zu 10 cm lang, unterseits graufilzig, Blattstiel ebenfalls filzig.
Zweige:	Jung zottig behaart, ohne Dornen.
Blütenstand:	Einzeln, endständig.
Blüten:	Weißlich, Blütenkrone fünfblättrig.
Früchte:	Apfel- oder birnenförmig, goldgelb, mit abwischbarem Flaum überzogen, aromatisch, säuerlich herb.
Standort:	In Gärten, auch am Waldrand; die Quitte wurde in mehreren Sorten kultiviert.
Verwendung:	Früchte für Kompott, Marmelade, Gelee.

Reineclaude

(Reneklode)

Baum
Früchte lila bis gelb

Die Gattung Prunus, zu der die Pflaumen gehören, umfaßt außerdem die Kirschen, Mandeln und Pfirsiche.
Es gibt derart viele Gartenformen, Züchtungen und Bastarde, daß oftmals eine genaue Bestimmung fast unmöglich ist.
Diese Abbildung zeigt eine Zuchtform der Pflaume, die sogenannte Reineclaude (benannt nach einer französischen Königin), die sich von den gewöhnlichen Pflaumen – Prunus domestica L. – durch größere und anders gefärbte Früchte und einen anders geformten Stein unterscheidet. Auch die Wuchsform des Baumes ist etwas anders, weniger verzweigt, dafür höher.

Rezepte

Wenn man die gefundenen Beeren und Waldfrüchte nicht gleich roh verspeist, so gibt es eine Reihe von Möglichkeiten für den Verbrauch. Sie können entweder am Abend oder am nächsten Tag verwendet oder aber konserviert werden. Eine Konservierung ist in vielen Fällen sogar ohne jegliche Konservierungsmittel möglich.
Diese kleine Auswahl von Rezepten soll dazu anregen, selbst einmal auszuprobieren, in welcher Form die aromatischen Früchte am schmackhaftesten sind.

Rote Grütze
Man presse $1/2$ l Fruchtsaft aus (am besten gemischt aus Himbeeren, Erdbeeren, Kirschen und Johannisbeeren), gebe 3 bis 4 Eßlöffel Himbeer- oder Kirschsirup dazu und koche mit 50 g Sago, 20 g Zucker und etwas Zitronensaft auf.
Nach dem Erkalten wird die Grütze mit kalter Milch, Vanillemilch oder Sahne serviert.

Fruit royal
Diese englische Spezialität wird zubereitet aus 250 g getrockneten Pflaumen, 250 g Himbeeren, 3 Pfirsichen, 6 Reineclauden, 50 g Johannisbeergelee, 50 ccm Weinbrand, 2 Tassen starkem Tee, Mandelsplittern und Schlagsahne.
Man läßt die Pflaumen ein paar Stunden im Tee ziehen. Die Pfirsiche werden überbrüht und geschält, die Reineclauden entsteint. Nun vermengt man alle Obstsorten, rührt den Weinbrand und das Gelee zusammen mit etwas Tee unter und stellt das Gericht einige Stunden kalt. Mandelsplitter und Schlagsahne dienen zur Garnierung.

Mehrfruchtbecher
Man benötigt eine kalte Melone, 150 g Himbeeren, 150 g Erdbeeren, etwas Rotwein, etwas Portwein, einen Eßlöffel Weinbrand und Zucker.
Die Früchte werden mit etwas Fruchtfleisch der Melone vermengt. Rotwein, Portwein, Weinbrand und etwas Zucker vermischen und über die Früchte gießen und kalt stellen.
Man kann Melonenscheiben mit der Mischung garnieren oder aber die restliche Melone zerkleinert untermischen und alles in Dessertgläsern servieren. Das Melonenfleisch sollte hierfür in gefälliger Form ausgestochen werden.

Preiselbeerkompott
Preiselbeeren lassen sich ohne Zucker einkochen. In der Regel gilt jedoch folgendes Rezept:

1 kg Preiselbeeren mit 500 g Zucker und 1/4 Liter Wasser aufkochen. Den entstandenen Schaum abschöpfen und das Kompott etwa 5 bis 8 Minuten kochen lassen.

Hagebuttenmus

Ein sehr gesunder Brotaufstrich! 500 g Hagebutten werden halbiert, von allen Kernen und Fasern befreit und zugedeckt 2 bis 4 Tage lang stehen gelassen. Das Mus wird mit 375 g Zucker etwa 1/2 Stunde lang verrührt und in vorbereitete Gläser gefüllt.

Brombeermarmelade

1 Liter Beeren, möglichst frische, dunkle Waldbrombeeren, werden gewaschen und zerdrückt. Danach kocht man sie mit 500 g Zucker unter ständigem Rühren etwa 30 Minuten. Die gefüllten Gläser mit Zellophanpapier verschließen oder aber die Marmelade gleich in Weckgläsern haltbar machen.

Schlehensaft

2 kg reife Schlehenbeeren werden gewaschen und mit wenig Wasser gekocht. Der rote Saft wird durch ein Tuch geseiht und mit der gleichen Menge Zucker so lange gekocht, bis ein dicker Sirup entsteht. Dieser wird in gut gereinigte Flaschen gefüllt und gut verschlossen. Man kann den Geschmack durch Zugabe von Kirschsaft und etwas kristallisierter Zitronensäure variieren.

Berberitzenmarmelade

Zutaten: 500 g verlesene, gewaschene, entstielte und gut abgetropfte Berberitzen, 500 g Gelierzucker. Die Berberitzen in eine glasierte Schüssel geben. Den Gelierzucker in sehr wenig Wasser auflösen und darübergießen. Abdecken und 48 Stunden kühl stellen. Durch ein feuchtes Tuch ablaufen lassen und den Saft rasch einkochen lassen, bis die Masse zu gelieren beginnt. In vorbereitete Gläser füllen und nach dem Auskühlen luftdicht verschließen. Reine Berberitzenmarmelade verwendet man bevorzugt zum Bestreichen von Tortenböden und zum Dekorieren von Desserts.

Vogelbeerfruchtmarmelade

Zutaten: 250 g gewaschene Äpfel, 1 kg verlesene und gewaschene Vogelbeeren, 700 g Zucker, 1 EL Rum pro Glas. Die Äpfel samt Schale und Kerngehäuse in Stücke schneiden. So hoch Wasser aufgießen, daß die Früchte gerade bedeckt sind. Dann weich kochen und durch ein Sieb passieren. Die Vogelbeeren mit dem Zucker vermischen und zu der Apfelmasse geben. Unter ständigem Rühren 25 Minuten einkochen, bis das Mus zäh vom Kochlöffel fällt. Sofort in vorbereitete Gläser füllen und auf jedes Glas 1 Eßlöffel Rum gießen. Luftdicht verschließen und trocken und kühl aufbewahren.

Bestimmungstabelle für die im Wald wachsenden roten, blauen und schwarzen Beeren

Bei der Bestimmung ist zu beachten, daß manche Beeren zuerst rot oder grün und dann erst blau oder schwarz werden. Diese Tabelle ist nur für die Bestimmung reifer Beeren zu gebrauchen.
Es handelt sich um einen sogenannten dichotomen Schlüssel, bei dem der Leser immer zwischen zwei Möglichkeiten zu wählen hat. (Beispiel: 1 Auf der Erde wachsend 2: Weitere Merkmale bestimmen bei 2. Die Ziffer links ohne Stern bedeutet **entweder,** mit Stern **oder**.) Trifft keine dieser Möglichkeiten zu, handelt es sich um eine Beerenart, die in diesem Buch nicht beschrieben wurde, also beispielsweise um eine gärtnerische Züchtung oder aber um eine Art, die in der Regel nicht im Wald oder am Waldrand wächst.

1	Auf der Erde wachsend (Pflanze höchstens 50 cm hoch)	2
1*	Büsche oder Bäume, Beeren rot bis rötlich	14
1**	Büsche oder Bäume, Beeren schwarz oder blau	39
2	Beeren reif rot bis orange	3
2*	Beeren reif blau oder schwarz	30
3	Blätter lederartig, klein (vergleiche auch 9*)	4
3*	Blätter nicht lederartig	5
4	Blätter umgerollt, unten mit braunen Drüsen	**Preiselbeere**
4*	Blätter unten glatt; in Sümpfen usw.	**Schlangenwurz**
5	Samen außen auf der Frucht	**Walderdbeere**
5*	Samen oder Steinchen in der Frucht	6
6	Blätter grundständig	7
6*	Blätter anders	8
7	Blätter pfeil- bis spießförmig	**Aronstab**
7*	Blätter länglich- bis eiförmig	**Maiglöckchen**
8	Früchte langgestielt; Blätter unterseits grau, Rand umgerollt	**Moosbeere**
8*	Blätter anders oder Früchte nicht langgestielt	9
9	Früchte mit mehreren Steinchen oder Samen	10
9*	Früchte einsamig	17
10	Blätter ähnlich denen der Preiselbeere. Früchte mit vier bis fünf Steinchen	**Bärentraube**
10*	Blätter anders	11

11 Blätter am Zweigende fast büschelig, klein .... **Seidelbast**
11* Blätter nicht büschelig 12

12 Blätter gelappt, rauh;
Früchte mit drei bis sechs klebrigen Samen ... **Rotbeerige Zaunrübe**
12* Blätter nicht rauh, Früchte anders 13

13 An jeder Pflanze nur zwei übereinanderstehende
Blätter .... **Zweiblättrige Schattenblume**
13* Blätter vielgestaltig, Pflanze ± rankend;
Früchte vielsamig .... **Bittersüßer Nachtschatten**

14 Früchte reif vom Fruchtboden abhebbar,
Beere vielfrüchtig .... **Waldhimbeere**
14* Früchte nicht vom Fruchtboden abhebbar 15

15 Beeren viereckig, viersamig;
Blätter gekreuzt gegenständig .... **Pfaffenhütchen**
15* Beeren rund oder länglich 16

16 Beeren paarweise wachsend, glasartig;
Blätter gegenständig, flaumig behaart .... **Gemeines Geißblatt**
16* Beeren nicht paarweise 17

17 Nadelbaum, Beeren einsamig .... **Eibe**
17* Blätter tragend 18

18 Beeren orange; Blätter linealisch,
unten silberweiß .... **Sanddorn**
18* Beeren rot oder Blätter nicht linealisch 19

19 Früchte vier- bis fünfkernig; Blätter immergrün,
lederig, untere Blätter dornig bis gezähnt .... **Stechpalme**
19* Blätter anders 20

20 Blätter lederig,
Mittelrippe gelblich behaart .... **Spätblühende Traubenkirsche**
20* Blätter anders 21

21 Kleinere Pflanze, Blätter gegenständig,
am Grund zu zweit zusammengewachsen .... **Jelängerjelieber**
21* Blätter am Grund nicht zusammengewachsen 22

22 Beeren eiförmig 23
22* Beeren rund bis oval 24

23 Beeren zweisteinig, Blätter vielgestaltig .... **Gemeiner Weißdorn**
23* Beeren orangerot, vielsamig; Blätter drüsig, bestachelt .... **Heckenrose**
23** Beeren länglich bis walzenförmig, zweisamig; Blätter büschelig, am Rand gesägt .... **Berberitze**

24 Blätter unterseits bläulich bis weißlichgrün, tief eingeschnitten; Beeren einsteinig ...... **Eingriffeliger Weißdorn**
24* Blätter anders 25

25 Beeren oval mit Stein; Blätter gegenständig, ahornähnlich .... **Gemeiner Schneeball**
25* Andere Kombination 26

26 Blätter gegenständig 27
26* Blätter wechselständig 28

27 Blätter gesägt, kurzgestielt; Früchte büschelig bis rispig .... **Traubenholunder**
27* Beeren kirschähnlich bis länglich, 2 cm lang; Blätter ganzrandig .... **Kornelkirsche**

28 Blätter unten filzig bis haarig, weißlich, doppelt gesägt .... **Mehlbeere**
28* Blätter anders 29

29 Früchte etwa 1 cm groß, Strauch bis 2,50 m Höhe .... **Zwergeberesche**
29* Früchte kleiner, Strauch bis 15 m Höhe .... **Eberesche**

30 Auf der Erde wachsend (bis 50 cm Höhe) 31
30* Büsche und Bäume 39

31 Beeren fast kirschgroß; Blätter zu viert im Quirl .... **Einbeere**
31* Beeren kleiner oder Blätter nicht quirlständig 32

32 Mit Nadeln, die zu dritt im Quirl stehen (vgl. Nr. 35) .... **Zwergwacholder**
32* Mit Blättern 33

33 Beeren innen wie Tomaten gebaut, Saft schmutzigrosa .... **Tollkirsche**
33* Beeren anders 34

34 Mit auffallendem Wurzelstock .... **Salomonssiegel**
34* Ohne Wurzelstock 35

35 Beeren mit sechs bis neun Steinchen;
Blätter fast quirlständig, nadelförmig .... **Kratzbeere**
35* Blätter anders geformt 36

36 Blätter doppelt gefiedert, gerieben mit unangenehmem Geruch;
Beeren auf kurzen Stielen .... **Christofskraut**
36* Blätter ohne solchen Geruch 37

37 Stiel scharfkantig, Blätter länglich bis eiförmig .... **Heidelbeere**
37* Stiel nicht scharfkantig 38

38 Beeren schwarzblau mit hellem Fleisch,
Blätter spatelförmig .... **Sumpfheidelbeere**
38* Beeren schwarz; Blätter wellig bis verbogen,
gezähnt .... **Schwarzer Nachtschatten**

39 Mit Nadeln 40
39* Mit Blättern 41

40 Nadeln zu dritt im Quirl stehend,
Strauch bis 1,50 m Höhe .... **Wacholder**
40* Strauch kleiner, im Hochgebirge .... **Zwergwacholder**

41 Rankepflanze, meist an Bäumen, Blätter vielgestaltig .... **Efeu**
41* Nicht rankend 42

42 Beere vom Fruchtboden ablösbar 43
42* Beere nicht vom Fruchtboden ablösbar 44

43 Büsche etwa 1,50 m hoch,
Blattstiel und Nerven stachelig .... **Brombeere**
43* Kleinere Büsche .... **Ackerbrombeere**

44 Zweigenden in Dornen auslaufend;
Früchte etwa 1 cm Durchmesser, bereift .... **Schlehe**
44* Zweigenden nicht in Dornen auslaufend 45

45 Beeren paarweise am Grund verwachsen .... **Heckenkirsche**
45* Beeren nicht am Grund verwachsen 46

46 Beeren schwarz mit grünem Saft, Blattstiel haarig .... **Faulbaum**
46* Beeren nicht grünsaftig 47

47 Früchte viersteinig, Dornen kreuzförmig .... **Kreuzdorn**
47* Andere Kombination 48

48 Beeren weißpunktiert, Blätter gegenständig 49
48* Beeren nicht weißpunktiert 50

49 Blätter oben und unten grün .... **Roter Hartriegel**
49* Blätter oben dunkelgrün, unten graugrün .... **Weißer Hartriegel**

50 Beeren rot bis schwarz, eiförmig;
Blätter gegenständig, unten runzelig, flaumig .. **Wolliger Schneeball**
50* Andere Kombination 51

51 Beeren rotsaftig 52
51* Beeren nicht rotsaftig, Blattstiel zweidrüsig .... **Traubenkirsche**

52 Blätter sitzend, buchtig bis stachelig oder gezähnt .... **Mahonie**
52* Blätter mit unangenehmem Geruch,
Stengel markig .... **Schwarzer oder Zwergholunder**

Register

A

Ackerbrombeere 70
Actaea spicata L. 65
Ahlbeere 75
Ahlkirsche 83
Ährenchristofskraut 65
Arctostaphylos uva-ursi (L.) Spr. 50
Aronstab 21
Arum maculatum L. 21
Atlasbeere 100
Atropa belladonna L. 74
Attich 81

B

Bärentraube 50
Berberis vulgaris L. 53
Berberitze 53
Bickbeere 58
Bittersüß 24
Bittersüßer Nachtschatten 24
Blasenkirsche 35
Blaubeere 58
Blaue Heckenkirsche 82
Blutjohannisbeere 56
Bluthasel 57
Brambeere 64
Breitblättriger Mehlbeerbaum . 45
Brombeere 64
Bryonia dioica Jacq. 25

C

Castanea sativa Mill. 98
Chaenomeles japonica 94
Christofskraut 65
Clematis vitalba L. 97
Convallaria majalis L. 22
Cornus mas L. 41
Cornus sanguinea L. 76
Cornus stolonifera L. 77
Corylus avellana L. 91
Corylus maxima L. 57
Cotoneaster integerrima Med. . 23
Crataegus monogynus Jacq. . . 31
Crataegus oxyacantha L. 30
Cucumis sativus L. 86
Cucurbita 106
Cyldonia oblonga L. 107

D

Daphne mezereum L. 26
Datura stramonium L. 96
Dornbeere 64
Dornstrauch 69
Dürrlitze 41

E

Eberesche 40
Echte Mispel 99
Echte Waldrebe 97
Echte Weißwurz 52
Echte Zwergmispel 23
Edelkastanie 98
Efeu 68
Eibe 33
Einbeere 66
Eingriffeliger Weißdorn 31
Elsbeere 100
Empetrum nigrum L. 71
Erdapfel 87
Eselsohr 21
Eßkastanie 98
Euonymus europaeus L. 43

F

Falscher Jasmin 79
Faulbaum 55
Felsenbeere 42
Felsenkirsche 84
Flieder 80
Fragraria vesca L. 19

G

Gartengeißblatt 38
Gartenhimbeere 28
Geißblatt 37
Gelber Hartriegel 41
Gelber Hornstrauch 41
Gemeine Bergmispel 23
Gemeine Mispel 99
Gemeiner Sauerdorn 53
Gemeiner Schneeball 49
Gemeiner Weißdorn 30
Gemeine Traubenkirsche 83
Gemeine Waldrebe 97
Gemeine Weißwurz 52
Grantl 18
Grindbaum 55
Gurke 86

H

Hagebutte 48
Hagedorn 30
Hartriegel 76, 77
Haselstrauch 91
Heckenrose 48
Hedera helix L. 68
Heidelbeere 58
Hindbeere 27
Hippophae rhamnoides L. 46
Hirschholder 36
Holder 80
Holler 80
Holzapfel 104
Holzbirne 105
Hopfen 95
Hülsen 32
Humulus lupulus L. 95
Hundsrose 48

I

Ilex aquifolium L. 32

J

Japanische Scheinquitte 94
Jelängerjelieber 38
Johannisapfel 104
Juglans regia L. 92
Juniperus communis L. 63
Juniperus communis,
var. saxatilis Pall. 93

K

Kartoffel 87
Katelbeere 36
Kellerhals 26
Kirschlorbeer 78
Klappernuß 90
Kletternder Nachtschatten 24
Kornelkirsche 41
Krähenbeere 71
Kranichbeere 20
Kratzbeere 70
Kranawitt 63
Kreuzdorn 72
Kürbis 106

L

Lamberts Haselstrauch 57
Läusebaum 55

Lauskraut 26
Liguster 79
Ligustrum vulgare L. 79
Liebesapfel 34
Lonicera caerulea L. 82
Lonicera caprifolium L. 38
Lonicera nigra L. 62
Lonicera xylosteum 37
Lorbeerkirsche 51

M

Machandel 63
Mahonia aquifolium 59
Mahonie 59
Maiblume 22
Maiglöckchen 22
Maililie 22
Malus pumila Mill. 104
Mehlbeere 44
Mespilus germanica L. 99
Mistel 101
Moorbeere 20
Moosbeere 20, 60
Morus alba L. 103
Morus nigra L. 85

O

Oechselbirne 47
Oxelbirne 47

P

Paradiesapfel 34
Paris quadrifolia L. 66
Parthenocissus quinquefolia . . 67
Pfaffenhütchen 43
Pflaume 61
Physalis alkekengi 35
Pimpernuß 90
Pirus communis L. 105
Polygonatum odoratum (Mill.) . 52
Preiselbeere 18
Preuschelbeere 18
Prunus domestica L. 61
Prunus laurocerasus 78
Prunus mahaleb L. 84
Prunus serotina Ehrh. 51
Prunus spinosa L. 69
Prunus padus L. 83
Pulverholz 55
Purgier-Dornstrauch 72

Q

Quitschbeere 40
Quitte 107

R

Rainweide 79
Rauschbeere 71
Reineclaude 108
Rhamnus cathartica L. 72
Rhamnus frangula L. 55
Ribes grossularia 89
Ribes nigrum L. 75
Ribes rubrum L. 29
Ribes sanguineum L. 56
Rosa canina L. 48
Rotbeerige Zaunrübe 25
Rote Heckenkirsche 37
Rote Johannisbeere 29
Roter Hartriegel 76
Roter Holunder 36
Roter Hornstrauch 76
Rubus caesius L. 70
Rubus fruticosus L. 64
Rubus idaeus L. 27, 28
Rubus saxatitis 42
Ruhrbirne 100

S

Salomonsiegel 52
Sambucus ebulus L. 81
Sambucus nigra L. 80
Sambucus racemosa L. 36
Sanddorn 46
Saurach 53
Schlafbeere 74
Schlehe 69
Schneebeere 102
Schwarzbeeriger Hahnenfuß . . 65
Schwarzdorn 69
Schwarze Heckenkirsche 62
Schwarze Johannisbeere 75
Schwarzer Holunder 80
Schwarzer Maulbeerbaum 85
Schwarzer Nachtschatten 73
Schwedische Mehlbeere 47
Seedorn 46
Seidelbast 26
Silberbaum 44
Solanum dulcamara L. 24
Solanum lycopersicum L. 34
Solanum nigrum L. 73
Solanum tuberosum L. 87
Sorbus aria Crantz 44
Sorbus aucuparia L. 40
Sorbus chamaemespilus (L.) Crantz 39
Sorbus cf. intermedia (Ehrh.) Pers. 47
Sorbus cf. latifolia (Lam.) Pers. 45
Sorbus torminalis (L) Crantz . . 100
Spätblühende Traubenkirsche . 51
Spindelstrauch 43
Stachelbeere 89
Staphylea pinnata L. 90
Stechapfel 96
Stechpalme 32
Steinbeere 18, 42
Steinweichsel 84
Stinkbaum 55
Sumpfheidelbeere 60
Symphoricarpus albus 102

T

Taxus baccata L. 33
Teufelsbeere 74
Tollkirsche 74
Tomate 34
Torfbeere 20
Traubenholunder 36
Traubenkirsche 83
Traubenstock 88
Trunkelbeere 60, 71
Türkische Weichsel 84

V

Vaccinium myrtillus 58
Vaccinium oxycoccus L. 20
Vaccinium uliginosum L. 60
Vaccinium vitis-idaea L. 18
Viburnum lantana L. 54
Viburnum opulus L. 49
Viscum album L. 101
Vitis vinifera L. 88
Vogelbeere 40

W

Wacholder 63
Walderdbeere 19
Waldhimbeere 27
Waldrebe 97
Walnußbaum 92
Weidendorn 46
Weinrebe 88
Weinstock 88
Welschnuß 92
Weißbaum 44
Weißer Hartriegel 77
Weißer Maulbeerbaum 103
Wilde Heckenkirsche 37
Wilder Wein 67
Wolfsbeere 66

Wolfsbesinge 66
Wolliger Schneeball 54

Z

Zehrwurz 21
Zweihäusige Zaunrübe 25
Zwergeberesche 39
Zwergholunder 81
Zwergmehlbeere 39
Zwergmispel 39
Zwergwacholder 93
Zwetschge 61